2023版

税务干部业务能力测试
纳税服务

必学必练

本书编写组　编

中国言实出版社

图书在版编目（CIP）数据

税务干部业务能力测试. 纳税服务必学必练 / 本书编写
组编. -- 北京：中国言实出版社，2023.8
　　ISBN 978-7-5171-4585-1

　　Ⅰ. ① 税… Ⅱ. ① 本… Ⅲ. ① 纳税－税收管理－中国
－干部培训－习题集　Ⅳ. ① F812.423-44

　　中国国家版本馆 CIP 数据核字（2023）第 178705 号

税务干部业务能力测试纳税服务必学必练

责任编辑：李　岩
责任校对：薛　磊

出版发行：中国言实出版社
　　　　　地　址：北京市朝阳区北苑路 180 号加利大厦 5 号楼 105 室
　　　　　邮　编：100101
　　　　　编辑部：北京市海淀区花园路 6 号院 B 座 6 层
　　　　　邮　编：100088
　　　　　电　话：010-64924853（总编室）　010-64924716（发行部）
　　　　　网　址：www.zgyscbs.cn　电子邮箱：zgyscbs@263.net

经　　销：新华书店
印　　刷：河北赛文印刷有限公司
版　　次：2023 年 10 月第 1 版　　2023 年 10 月第 1 次印刷
规　　格：710 毫米 × 1000 毫米　　1/16　　12.5 印张
字　　数：208 千字

定　　价：88.00 元
书　　号：ISBN 978-7-5171-4585-1

本书属于税务干部"两测"必学必练丛书之一，根据2023版全国税务系统数字人事"两测""纳税服务类"的最新大纲进行了新编。

税务干部数字人事"两测"包括"业务能力升级测试"和"领导胜任力测试"，对税务干部促进自我提升、塑造向上向善品格具有重要作用。

业务能力升级，是指依据统一的专业分类、能力分级及达标要求，引导税务干部以自学为主、助学为辅的方式，在工作实践中不断提升业务能力，通过日常学习考核、业务能力集中测试或者评定方式，获得相应级档认定，并与干部职务职级晋升挂钩的管理制度。

业务能力专业类别，分为综合管理、纳税服务、征收管理、税务稽查和信息技术等5类。

（一）综合管理类，是指从事税务机关党务、政务、事务等综合管理相关工作的岗位。

（二）纳税服务类，是指税收工作"前台"对由纳税人依法发起的有关工作进行管理的相关岗位。

（三）征收管理类，是指税收工作"后台"对由税务机关依法发起（不含税务稽查）的工作进行管理，对由纳税人依法发起和税务机关依法发起的工作进行监督，以及其他需要开展的工作进行管理的相关岗位。

（四）税务稽查类，是指税务稽查选案、检查、审理和执行等相关岗位。

（五）信息技术类，是指从事税收信息化建设及保障等相关工作的岗位。

领导胜任力则是评估税务系统各级领导干部拟晋升上一级领导职务应当具备的基本理论素养和领导能力，适用于所有领导职务的评估测试。

纳税服务类测试内容分为政治素养、通用知识和专业知识与技能三部分。其中政治素养、通用知识是各类岗位测试必考的基础内容，本套丛书中专门有一本是该部分内容，因此本书主要内容是纳税服务类专业知识与技能。2023版新大纲对这一部分作出了较大调整，融合了2023年"便民春风行动""春雨润苗"专项行动以及税费服务诉求和舆情分析办理等重要工作要求。

在新编过程中，本书保留了原来大纲的框架，对新大纲"办税缴费指南"这一章所涉及的庞杂内容，按节设章，避免全书四分之三的内容拥挤在一章中，既方便作者编写，又能减轻临考训练的压力。出口退（免）税、国际税收两节未单独设章，相关知识点及训练题散见本书其他章节，这为考生增加了不便，特此致歉。另外，涉税专业服务、社会保险费及非税收入业务办理这两部分新大纲新增的内容，在此次编写中未来得及全部收录，这个遗憾只能留待下次修订再做弥补。请广大考生关注税务总局教育平台等载体上的相关内容另加训练。

本书在编写过程中充分考虑到考生快速高效备考的需求，在多方面都做了优化，具体来说有以下三个优点：

一是结构合理。对于测试内容，分为四个部分：大纲内容、复习要点、核心知识点、测试题。有提纲有细节、有重点有练习，可以满足考生对备考材料的基本需求。

二是内容突出。对于繁多的考试内容，只提炼其中的核心知识点，并且设置有针对性的练习题，确保考生在考前快速掌握考点。

三是表达简练。对于一目了然的知识点，用最直接简练的表达，没有过多地解释，以免分散考生精力。知识点的来源以及文件依据，不属于测试内容，考生其实不需要在备考前花精力去了解，即使要深入了解，也不需要通过查书的方式进行。因此不在书中进行阐释。

以上三个优点可以让考生在最短的时间内，花费最少的精力，精准掌握最核心、最高频的考点，从而快速通过测试；而非面面俱到、花费大量的时间背诵大量的知识，给自己的记忆力和精力带来巨大的考验。

由于时间及能力有限，书中疏漏在所难免，如有不妥之处，恳请读者不吝指正。

目录

第一章　纳税服务概述

	初级	中级	高级
第一节 纳税服务 基础理论	1. 了解纳税服务的概念与内涵，了解纳税服务的发展历程及重要节点的工作要求，了解纳税服务与税收征管的关系	1. 掌握纳税服务与其他业务的边界，掌握纳税服务工作的具体内容及相关工作要求，掌握纳税服务与税收征管的区别及联系，能够在推进具体工作当中，较好落实纳税服务的各项工作要求	1. 熟练运用纳税服务理念与规定，明晰各项税收管理工作中纳税服务的具体工作内容，熟练掌握纳税服务与税收执法、监管、共治体系之间的关系，能够熟练剖析制约纳税服务质效提升的各项因素并制定具体的工作举措
第二节 纳税服务 基本理论	1. 了解新公共管理理论、客户关系理论、税收遵从理论等纳税服务基础理论的基本内容及对纳税服务工作的实际意义	1. 掌握新公共管理理论、客户关系理论、税收遵从理论等纳税服务理论的内容及工作要义，能够对纳税服务实际工作问题进行具体指导及个案分析	熟悉新公共管理理论、客户关系理论、税收遵从理论的内容实质，能够有效地指导实际工作。熟练运用纳税服务各项理论，综合评价纳税服务现状、分析现有问题及具体成因，有效统筹优化纳税服务各项工作举措
第三节 新时期纳税 服务的发展 要求	1. 了解《关于进一步深化税收征管改革的意见》中"精细服务"的工作目标及具体实现路径	1. 熟悉《关于进一步深化税收征管改革的意见》中"精细服务"基本目标与工作要求，能够统筹落实各项具体工作任务	1. 熟练掌握《关于进一步深化税收征管改革的意见》中"精细服务"的各项工作要求，能够制订明确、细致的工作推进与实施步骤

续表

	初级	中级	高级
第三节 新时期纳税 服务的发展 要求	2. 了解"精细服务"相关任务事项的具体内容,对相关工作要求的内容有所了解,能够知晓各项日常工作与相关工作任务的具体关系 3. 了解"便民办税春风行动""春雨润苗"行动等专项工作任务的安排及具体要求,了解实现税费服务"三个拓展提升",构建优质便捷的税费服务新体系的具体工作任务	2. 熟悉建成"线下服务无死角、线上服务不打烊、定制服务广覆盖"税费服务新体系的含义及具体工作要求,能够将各项工作要求熟练地应用于具体工作之中 3. 掌握"便民办税春风行动""春雨润苗"行动等专项工作任务及实现税费服务"三个拓展提升",构建优质便捷的税费服务新体系等任务的具体内容,能够有效组织工作安排,促进相关工作任务的有效落实	2. 熟练地分析查找落实"精细服务"当中出现的问题,并组织有效的工作应对 3. 在熟练掌握工作任务推进的基础之上,对各项"精细服务"工作任务推进情况进行准确的评估与分析 4. 熟练掌握"便民办税春风行动""春雨润苗"行动等专项工作任务及实现税费服务"三个拓展提升",构建优质便捷的税费服务新体系等各项工作的具体目标,熟悉相关工作任务与推进"精细服务"的工作关联,能够有效制订具体工作推进安排,统筹开展相关工作

必懂复习策略

　　本章内容在 2023 版考试大纲中做了调整，除纳税服务基本理论外，补充了"便民春风行动""春玉润苗"等专项工作内容，这些都要作为重点掌握。原营商环境、服务创新及社会协作等内容已从新大纲中删除，相关知识点、习题及训练，了解即可。

　　初级考生学习侧重点应为基础知识，如具体指标、具体规定等；中级考生学习侧重点应为具体规定及改进完善相关工作等；高级考生学习侧重点应为各方面知识的综合运用和前沿发展。

必会核心知识

■ 2001年《中华人民共和国税收征收管理法》出台，将纳税服务确定为税务机关法定职责，纳税服务由原来的税务人员职业道德范畴上升到法律范畴。

■ 2008年7月，国家税务总局设立了专为纳税人服务的司局级机构——纳税服务司，负责组织、管理、协调全国范围内的纳税服务工作。这在中国税收史上是第一次。

■ 纳税服务与税收征管是税收两大核心业务。税收征管与纳税服务是相互依存的；税收征管与纳税服务是辩证统一的；税收征管与纳税服务是互相促进的。

■ 金税三期税收管理系统中的纳税服务功能菜单包括套餐服务、登记认定、证明办理、申报纳税、优惠办理、发票业务、信用管理、综合服务。

■ 纳税服务现代化的目标：（1）形成自觉遵从的税收征纳关系；（2）建成规范法治的纳税服务体系；（3）建立持续改进的纳税服务机制；（4）构建社会共治的纳税服务模式。

■ 世界银行与纳税有关的营商环境指标主要包括以下内容：（1）纳税次数；（2）纳税时间；（3）总税率和缴费率；（4）报税后流程指数。

■ 优化税收营商环境具体的行动任务包括：强化顶层设计，减少纳税次数；实施精准服务，压缩纳税时间；加快税制改革，减轻税费负担；创新管理手段，优化税后流程；加强事后监管，规范税收执法。

■ 纳税服务与创新发展主要体现：税务系统"放管服"改革；"便民办税春风行动"；"互联网＋税务"行动计划；推行办税事项"最多跑一次"、"全程网上办"服务等举措。

■ 根据中共中央办公厅、国务院办公厅《关于进一步深化税收征管改革的意见》（以下简称"意见"），2021年建成全国统一的电子发票服务平台，24小时在线免费为纳税人提供电子发票申领、开具、交付、查验等服务。制定出台电子发票国家标准，有序推进铁路、民航等领域发票电子化，2025年基本实现发票全领域、全环节、全要素电子化，着力降低制度性交易成本。

■ 根据意见，2021年基本实现企业税费事项能网上办理，个人税费事项能掌上办理。2022年建成全国统一规范的电子税务局，不断拓展"非接触式"、"不见面"办税缴费服务。逐步改变以表单为载体的传统申报模式，2023年基本实现信息系统自动提取数据、自动计算税额、自动预填申报，纳税人缴费人确认或补正后即可线上提交。

■ 根据意见，积极推行智能型个性化服务。全面改造提升12366税费服务平台，加快推动向以24小时智能咨询为主转变，2022年基本实现全国咨询"一线通答"。运用税收大数据智能分析识别纳税人缴费人的实际体验、个性需求等，精准提供线上服务。持续优化线下服务，更好地满足特殊人员、特殊事项的服务需求。

■ 根据意见，持续压减纳税缴费次数和时间。落实《优化营商环境条例》，对标国际先进水平，大力推进税（费）种综合申报，依法简并部分税种征期，减少申报次数和时间。扩大部门间数据共享范围，加快企业出口退税事项全环节办理速度，2022年税务部门办理正常出口退税的平均时间压缩至6个工作日以内，对高信用级别企业进一步缩短办理时间。

■ 根据意见，2022年基本实现法人税费信息"一户式"、自然人税费信息"一人式"智能归集，2023年基本实现税务机关信息"一局式"、税务人员信息"一员式"智能归集，深入推进对纳税人缴费人行为的自动分析管理、对税务人员履责的全过程自控考核考评、对税务决策信息和任务的自主分类推送。2025年实现税务执法、服务、监管与大数据智能化应用深度融合、高效联动、全面升级。

■ 2023年4月是第32个全国税收宣传月，各地税务部门按照国家税务总局部署，围绕"税惠千万家 共建现代化"主题，举办形式多样、内容丰富的活动。

■ 2023年以"办好惠民事·服务现代化"为主题，连续第10年开展"便民办税春风行动"。围绕"诉求响应提质""政策落实提效""精细服务提档""智能办税提速""精简流程提级""规范执法提升"六个方面，推出首批17条措施、第二批25条措施；围绕"政策落实提速""重点服务提档""诉求响应提效""便捷办理提质""规范执法提升"五个方面，推出第三批 20 条措施、第四批 19 条措施。

■ 2023 年"春雨润苗"行动以优化小微企业和个体工商户等小微经营主体发展环境为重点，坚持"两个毫不动摇"，聚焦经营主体关切，围绕"提质效、强赋能、促升级"主题，推出"税惠助益强信心""实措纾困解难题""重点护航促成长"三大类系列活动，贯穿 12 项服务措施，按照总体设计、层层分解、分步推进的原则具体实施，通过部门间协同联动，让各项税费支持政策和创新服务举措及时惠及小微经营主体，助其稳预期、强信心、焕活力。

■ 专业税务顾问、税收策划、涉税鉴证、纳税情况审查应当由具有税务师事务所、会计师事务所、律师事务所资质的涉税专业服务机构从事。

■ 税务机关应当对税务师事务所实施行政登记管理。未经行政登记不得使用"税务师事务所"名称，不能享有税务师事务所的合法权益。

■ 税务师事务所合伙人或者股东由税务师、注册会计师、律师担任，税务师占比应高于 50%，国家税务总局另有规定的除外。

■ 税务师事务所办理商事登记后，应当向省税务机关办理行政登记。

■ 涉税专业服务机构应当以年度报告的形式，向税务机关报送从事涉税专业服务的总体情况。

■ 税务师事务所、会计师事务所、律师事务所从事专业税务顾问、税收策划、涉税鉴证、纳税情况审查业务，应当向税务机关单独报送相关业务信息。

■ 各地税务机关要加强涉税专业服务实名管理，明晰纳税申报代理权利与责任，规范涉税专业服务机构及其从业人员申报代理行为，在委托人授权的范围内开展代理业务，如实准确填写申报表中"经办人""经办人身份证号""代理机构签章""代理机构统一社会信用代码"等信息，切实防范"越权代理""隐身代理"问题。

■ 未按照办税实名制要求提供涉税专业服务机构和从事涉税服务人员实名信息的，由税务机关责令限期改正或予以约谈。

■ 纳税人可以就涉税专业服务社会组织的服务情况进行评价；就涉税专业服务社会组织存在的执业问题进行投诉等。

■ 税务机关、涉税专业服务社会组织及其行业协会和纳税人三方沟通方式：（1）召开会议；（2）走访调研；（3）拓展渠道；（4）业务合作。

■ 税务人员严禁有以下行为：（1）直接开办或者投资入股涉税中介，在涉税中介挂名、兼职（任职）或者出借（出租）注册税务师等资格证书，以任何理由强行安置配偶、子女及其配偶在涉税中介机构就业；（2）强制、指定或者变相强制、变相指定纳税人接受涉税中介服务；（3）以任何名目在涉税中介报销费用、领取补贴（补助）或以其他形式取得经济利益；（4）利用税收征管权、检查权、执法权、政策解释权和行政监管权，与中介机构合谋作出有关资格认定、税收解释或决定，使纳税人不缴税、少缴税或减免退抵税，非法获取利益；（5）其他违反规定插手涉税中介经营活动的行为。

■ 税务机关领导干部辞去公职或者退（离）休后三年内，不得到本人原任职务管辖的地区和业务范围内的涉税中介兼职（任职），或从事涉税中介营利性活动。退（离）休干部到企业工作的，一般按任职对待，不再保留党政机关的各种待遇。

■ 领导干部配偶、子女及其配偶在本人管辖的业务范围内从事与税收业务相关的中介活动，应该回避。

■ 副处级以上领导干部应在每年度《领导干部个人有关事项报告表》"配偶、子女从业情况"栏中，按要求填报从事涉税中介经营活动的情况。

■ 纳税服务志愿者基本条件：乐于奉献，能够利用双休日、节假日等业余时间参与公益活动；身体健康，热心税收事业，具有吃苦耐劳精神；从社会招募的税收志愿者应具备相应的税法知识；遵纪守法，服从安排，具有较强的社会公德意识。

■ 以下人员可作为税收志愿者：（1）经所在单位同意，从事志愿服务活动的税务干部；（2）在依法登记或备案的志愿者组织中注册的税务干部；（3）税务机关招募的从事税收志愿服务活动的社会人员。

■ 税收志愿者服务内容：（1）集中或经常性税收宣传；（2）办税服务厅内的一般性服务工作；（3）参加社会其他公益性志愿服务活动。以上（1）（2）项内容由税务机关组织实施。

必考点检测训练

一、单选

1. 第 32 个全国税收宣传月的主题是：（　　）。
　　A. "智慧税务助发展·惠企利民稳增长"
　　B. "办好惠民事·服务现代化"
　　C. "税收优惠促发展，惠企利民向未来"
　　D. "税惠千万家　共建现代化"

参考答案：D

2. 2023 年 "便民办税春风行动" 的主题是：（　　）。
　　A. "智慧税务助发展·惠企利民稳增长"
　　B. "办好惠民事·服务现代化"
　　C. "税收优惠促发展，惠企利民向未来"
　　D. "税惠千万家　共建现代化"

参考答案：B

3. 根据中共中央办公厅、国务院办公厅《关于进一步深化税收征管改革的意见》，（　　）基本实现发票全领域、全环节、全要素电子化，着力降低制度性交易成本。
　　A. 2023 年　　　B. 2024 年　　　C. 2025 年　　　D. 2026 年

参考答案：C

4. 根据中共中央办公厅、国务院办公厅《关于进一步深化税收征管改革的意见》，扩大部门间数据共享范围，加快企业出口退税事项全环节办理速度，2022 年税务部门办理正常出口退税的平均时间压缩至（　　）个工作日以内，对高信用级别企业进一步缩短办理时间。
　　A. 5　　　　　　B. 6　　　　　　C. 7　　　　　　D. 10

参考答案：B

5. 税务师事务所合伙人或者股东由税务师、注册会计师、律师担任，税务师占比应高于（　　），国家税务总局另有规定的除外。

　　A．30%　　　　　B．40%　　　　　C．50%　　　　　D．60%

参考答案：C

6．税务师事务所办理商事登记后，应当向（　　）办理行政登记。

　　A．县税务机关　　　　　　　　B．市税务机关

　　C．省税务机关　　　　　　　　D．国家税务总局

参考答案：C

二、多选

1．同时符合以下条纳税服务现代化的目标包括：（　　）。

　　A．形成自觉遵从的税收征纳关系

　　B．建成规范法治的纳税服务体系

　　C．建立持续改进的纳税服务机制

　　D．构建社会共治的纳税服务模式

参考答案：ABCD

2．世界银行与纳税有关的营商环境指标有：（　　）。

　　A．纳税次数　　　　　　　　　B．纳税时间

　　C．总税率和缴费率　　　　　　D．报税后流程指数

参考答案：ABCD

3．优化税收营商环境具体的行动任务包括：（　　）。

　　A．强化顶层设计，减少纳税次数

　　B．实施精准服务，压缩纳税时间

　　C．加快税制改革，减轻税费负担

　　D．创新管理手段，优化税后流程

　　E．加强事后监管，规范税收执法

参考答案：ABCDE

4．纳税服务与创新发展主要体现有：（　　）。

　　A．税务系统"放管服"改革

　　B．"便民办税春风行动"

    C. "互联网＋税务"行动计划

    D. 推行办税事项"最多跑一次"、"全程网上办"服务等举措

参考答案：ABCD

5. 2023 年"春雨润苗"行动推出（　　）三大类系列活动，通过部门间协同联动，让各项税费支持政策和创新服务举措及时惠及小微经营主体，助其稳预期、强信心、焕活力。

    A. "税银互动助发展"　　　　B. "税惠助益强信心"

    C. "实措纾困解难题"　　　　D. "重点护航促成长"

参考答案：BCD

6. 根据中共中央办公厅、国务院办公厅《关于进一步深化税收征管改革的意见》，以下正确的有：（　　）。

    A. 2022 年基本实现法人税费信息"一户式"、自然人税费信息"一人式"智能归集

    B. 2023 年基本实现税务机关信息"一局式"、税务人员信息"一员式"智能归集

    C. 2024 年基本实现发票全领域、全环节、全要素电子化，着力降低制度性交易成本

    D. 2025 年实现税务执法、服务、监管与大数据智能化应用深度融合、高效联动、全面升级

参考答案：ABD

7. 专业税务顾问、税收策划、涉税鉴证、纳税情况审查应当由具有（　　）资质的涉税专业服务机构从事。

    A. 税务代理公司　　　　B. 税务师事务所

    C. 会计师事务所　　　　D. 律师事务所

参考答案：BCD

8. 税务师事务所、会计师事务所、律师事务所从事（　　）业务，应当向税务机关单独报送相关业务信息。

    A. 专业税务顾问　　　　B. 税收策划

    C. 涉税鉴证　　　　D. 纳税情况审查

参考答案：ABCD

9. 下列关于纳税服务社会协作的说法正确的有：（   ）。

    A. 未按照办税实名制要求提供涉税专业服务机构和从事涉税服务人员实名信息的，由税务机关责令限期改正或予以约谈

    B. 纳税申报代理应当由具有税务师事务所、会计师事务所、律师事务所资质的涉税专业服务机构从事

    C. 纳税人可以就涉税专业服务社会组织的服务情况进行评价

    D. 纳税人可以就涉税专业服务社会组织存在的执业问题进行投诉

参考答案：ACD

10. 税务机关、涉税专业服务社会组织及其行业协会和纳税人三方的沟通方式包括：（   ）。

    A. 召开会议 　　　　　　　 B. 走访调研

    C. 拓展渠道 　　　　　　　 D. 业务合作

参考答案：ABCD

11. 税务人员严禁有以下行为：（   ）。

    A. 直接开办或者投资入股涉税中介，在涉税中介挂名、兼职（任职）或者出借（出租）注册税务师等资格证书，以任何理由强行安置配偶、子女及其配偶在涉税中介机构就业

    B. 强制、指定或者变相强制、变相指定纳税人接受涉税中介服务

    C. 以任何名目在涉税中介报销费用、领取补贴（补助）或以其他形式取得经济利益

    D. 利用税收征管权、检查权、执法权、政策解释权和行政监管权，与中介机构合谋作出有关资格认定、税收解释或决定，使纳税人不缴税、少缴税或减免退抵税，非法获取利益

    E. 其他违反规定插手涉税中介经营活动的行为

参考答案：ABCDE

12. 领导干部（   ）在本人管辖的业务范围内从事与税收业务相关的中介活动，应该回避。

    A. 父母 　　　　　　　　　 B. 配偶

    C. 兄弟姐妹 　　　　　　　 D. 子女及其配偶

参考答案：BD

13. 以下人员可作为税收志愿者：（　　）。

A. 经所在单位同意，从事志愿服务活动的税务干部

B. 在依法登记或备案的志愿者组织中注册的税务干部

C. 税务机关招募的从事税收志愿服务活动的社会人员

D. 在税务师协会注册的税务师

参考答案：ABC

14. 税收志愿者的服务内容包括：（　　）。

A. 纳税申报代理

B. 集中或经常性税收宣传

C. 办税服务厅内的一般性服务工作

D. 参加社会其他公益性志愿服务活动

参考答案：BCD

15. 纳税服务志愿者的基本条件包括：（　　）。

A. 乐于奉献，能够利用双休日、节假日等业余时间参与公益活动

B. 身体健康，热心税收事业，具有吃苦耐劳精神

C. 从社会招募的税收志愿者应具备相应的税法知识

D. 遵纪守法，服从安排，具有较强的社会公德意识

参考答案：ABCD

三、判断

1. 2023 年"便民办税春风行动"围绕"政策落实提速""重点服务提档""诉求响应提效""便捷办理提质""规范执法提升"五个方面，先行推出首批 17 条措施。　　　　　　　　　　　　　　　　（　　）

参考答案：×

【2023 年"便民办税春风行动"围绕"诉求响应提质""政策落实提效""精细服务提档""智能办税提速""精简流程提级""规范执法提升"六个方面，推出首批 17 条措施。】

2. 根据中共中央办公厅、国务院办公厅《关于进一步深化税收征管改革的意见》，逐步改变以表单为载体的传统申报模式，2025 年基本实现信息系

统自动提取数据、自动计算税额、自动预填申报，纳税人缴费人确认或补正后即可线上提交。（　）

参考答案：×

【根据中共中央办公厅、国务院办公厅《关于进一步深化税收征管改革的意见》，逐步改变以表单为载体的传统申报模式，2023年基本实现信息系统自动提取数据、自动计算税额、自动预填申报，纳税人缴费人确认或补正后即可线上提交。】

3. 根据中共中央办公厅、国务院办公厅《关于进一步深化税收征管改革的意见》，积极推行智能型个性化服务。全面改造提升12366税费服务平台，加快推动向以24小时智能咨询为主转变，2023年基本实现全国咨询"一线通答"。（　）

参考答案：×

【根据中共中央办公厅、国务院办公厅《关于进一步深化税收征管改革的意见》，积极推行智能型个性化服务。全面改造提升12366税费服务平台，加快推动向以24小时智能咨询为主转变，2022年基本实现全国咨询"一线通答"。】

4. 税务机关应当对税务师事务所实施行政登记管理。未经行政登记不得使用"税务师事务所"名称，不能享有税务师事务所的合法权益。（　）

参考答案：√

5. 涉税专业服务机构应当以季度和年度报告的形式，向税务机关报送从事涉税专业服务的总体情况。（　）

参考答案：×

【涉税专业服务机构应当以年度报告的形式，向税务机关报送从事涉税专业服务的总体情况。】

6. 税务机关领导干部辞去公职或者退（离）休后五年内，不得到本人原任职务管辖的地区和业务范围内的涉税中介兼职（任职），或从事涉税中介营利性活动。退（离）休干部到企业工作的，一般按任职对待，不再保留党政机关的各种待遇。（　）

参考答案：×

【税务机关领导干部辞去公职或者退（离）休后三年内，不得到本人原任职务管辖的地区和业务范围内的涉税中介兼职（任职），或从事涉税中介营利性活

动。退（离）休干部到企业工作的，一般按任职对待，不再保留党政机关的各种待遇。】

7. 副科级以上领导干部应在每年度《领导干部个人有关事项报告表》"配偶、子女从业情况"栏中，按要求填报从事涉税中介经营活动的情况。（　　）

参考答案：×

【副处级以上领导干部应在每年度《领导干部个人有关事项报告表》"配偶、子女从业情况"栏中，按要求填报从事涉税中介经营活动的情况。】

第二章　信息报告

	初级	中级	高级
信息报告	1.了解信息报告主要内容，领会信息报告是税务机关实施税收管理的首要环节和基础工作 2.了解一照一码户、两证整合个体工商户信息确认及信息变更、纳税人（扣缴义务人）身份信息报告、自然人自主报告身份信息、扣缴义务人报告自然人身份信息、解除相关人员关联关系等事项相关政策规定，掌握金三系统操作模块及办理流程 3.了解存款账户账号报告、财务会计制度及核算软件备案报告、银税三方（委托）划缴协议等事项相关政策规定，掌握金三系统操作模块及办理流程，能准确、熟练办理 4.了解适用不同会计制度的纳税人财务会计报表报送的种类、报送期限，能在金三系统中准确录入纳税人财务会计制度备案信息	1.熟悉信息报告类违法违章行为对纳税人信用等级评价的影响，熟悉信息报告类适用"首违不罚"的事项及适用情形，对纳税人加强宣传和辅导 2.熟悉信息报告事项相关工作要求，准确更正及处理错误信息 3.熟悉"登记注册类型""经营范围""国标行业""总分机构"等信息变更对后续业务的影响 4.落实"首违不罚"规定	1.掌握信息报告事项在商事制度改革中的作用和意义，进一步优化信息采集工作流程 2.掌握办税服务厅与税源管理部门关于信息报告业务的管理要求，与税源管理部门密切配合，共同防范税收执法风险 3.与市场监管、民政、社保等部门协调、配合，进一步完善登记信息交换平台建设 4.加强与银行联系、配合，确保税库银系统稳定，促进服务规范持续升级

	初级	中级	高级
信息报告	5. 了解跨区域涉税事项报告、报验、信息反馈等政策规定，掌握金三系统操作模块及流程，能准确、熟练办理 6. 了解增值税一般纳税人登记的条件、程序及选择按小规模纳税人纳税的管理措施；了解增值税适用加计抵减政策声明、农产品增值税进项税额扣除标准备案及"资格信息报告"其他事项的政策规定，掌握金三系统操作模块及流程，能准确、熟练办理 7. 了解欠税人处置不动产或大额资产报告、纳税人合并分立情况报告、停复业登记等"特殊事项信息报告"其他事项的政策规定，掌握金三系统操作模块及流程，能准确、熟练办理 8. 落实信息报告事项基本服务规范	5. 熟悉跨区域涉税事项报告、报验、信息反馈等政策规定，能运用金三系统信息对纳税人预缴税款进行分析、比对，发现疑点的，按规定及时处理 6. 熟悉并落实辅导期增值税一般纳税人管理制度 7. 熟悉信息报告业务事项的操作难点及正确处置	5. 掌握跨区域涉税事项报告、报验、信息反馈等政策规定 6. 掌握优化信息报告业务流程，拓宽信息报告渠道，不断促进服务规范持续升级

必懂复习策略

本章内容在 2023 版考试大纲中做了调整，减少了报告种类，对不同级别学习者的掌握内容重新进行了划分。其中资格信息报告、特殊事项信息报告和跨区域涉税事项报告比较重要，应重点掌握。

原出口退（免）税备案报告、国际税收涉税情况报告等重点内容，虽在 2023 版新大纲另有专章，但本书新编过程中并未专章处理，相关知识点、习题及训练还应全面掌握。

初级考生学习侧重点应为基础知识，如具体信息报告规定等；中级考生学习侧重点应为具体规定及加强报告管理等；高级考生学习侧重点应为各方面知识的综合运用和促进服务规范持续提升。

必 会 核 心 知 识

■ 已实行"多证合一、一照一码"登记模式的纳税人，首次办理涉税事宜时，对税务机关依据市场监督管理等部门共享信息制作的《"多证合一"登记信息确认表》进行确认，对其中不全的信息进行补充，对不准确的信息进行更正。

■ 新设立登记的企业、农民专业合作社完成一照一码户登记信息确认后，其加载统一社会信用代码的营业执照可代替税务登记证使用，不再另行发放税务登记证件。

■ 纳税人不办理税务登记的，由税务机关责令限期改正，逾期不改正的，经税务机关提请，由工商行政管理机关吊销其营业执照。

■ 从事生产、经营的个人应办而未办营业执照，但发生纳税义务的，可以按规定申请办理临时税务登记。

■ 纳税人使用符合《中华人民共和国电子签名法》规定条件的电子签名，与手写签名或者盖章有同等法律效力。

■ 以自然人名义纳税的中国公民、华侨、外籍人员和港、澳、台地区人员，可以由本人自主向税务机关报告身份信息。

■ 主张身份证件被冒用于登记注册为法定代表人的，根据登记机关登记信息的变化情况，更改该法定代表人与纳税人的关联关系。主张身份证件被冒用于登记为财务负责人和其他办税人员的，根据其出具的个人声明、公安机关接报案回执等相关资料，解除其与纳税人的关联关系。

■ 主张身份证件被冒用于登记为法定代表人、财务负责人和其他办税人员的，即时办结。

■ 纳税人应将财务、会计制度或者财务、会计处理办法以及开立的全部存款账户账号信息向主管税务机关报告。

■ 纳税人需要使用电子缴税系统缴纳税费的，可以与税务机关、开户银行签署委托银行代缴税款三方协议或委托划转税款协议，实现使用电子缴税系统缴纳税费、滞纳金和罚款。

■ 纳税人跨省（自治区、直辖市和计划单列市）临时从事生产经营活动的，向机构所在地的税务机关填报《跨区域涉税事项报告表》。

■ 纳税人首次在经营地办理涉税事宜时，向经营地税务机关报验跨区域涉税事项。

■ 纳税人跨区域经营活动结束后，应当结清经营地税务机关的应纳税款以及其他涉税事项，向经营地税务机关填报《经营地涉税事项反馈表》。纳税人不需要另行向机构所在地的税务机关反馈。

■ 纳税人跨区域经营合同延期的，可以选择在经营地或机构所在地的税务机关办理报验管理有效期限延期手续。异地不动产转让和租赁业务不适用跨区域涉税事项制度规定。

■ 增值税纳税人年应税销售额超过财政部、国家税务总局规定的小规模纳税人标准的，除特殊规定外，应当办理一般纳税人登记。

■ 年应税销售额未超过规定标准的纳税人，会计核算健全、能够提供准确税务资料的，可以办理一般纳税人登记。

■ 纳税人应在年应税销售额超过规定标准的月份（季度）所属申报期结束后 15 日内办理增值税一般纳税人登记或者选择按照小规模纳税人纳税的手续。未按规定时限办理的，主管税务机关应当在规定时限结束后 5 日内制作《税务事项通知书》，告知纳税人应当在 5 日内向主管税务机关办理相关手续。纳税人应在收到《税务事项通知书》后 5 日内向主管税务机关办理相关手续；逾期未办理的，自通知时限期满的次月起按销售额依照增值税税率计算应纳税额，不得抵扣进项税额，直至办理相关手续为止。

■ 应税销售额超过规定标准的自然人可不办理增值税一般纳税人登记。

■ 非企业性单位、年应税销售额超过规定标准且不经常发生应税行为的单位和个体工商户，可选择按照小规模纳税人纳税。

■ 从事成品油销售的加油站、航空运输企业、电信企业总机构及其分支机构，一律由主管税务机关登记为增值税一般纳税人。

■ 欠缴税款数额较大（5 万元以上）的纳税人在对其不动产或者大额资产进行转让、出租、出借、提供担保等处分之前，应当向税务机关报告。

■ 境内机构和个人对同一笔合同需要多次对外支付的，仅需在首次付汇前办理税务备案。

■ 外国投资者以境内直接投资合法所得在境内再投资无需办理税务备案。

■ 财政预算内机关、事业单位、社会团体非贸易非经营性付汇业务无需办理税务备案。

■ 实行定期定额征收的个体工商户或比照定期定额户进行管理的个人独资企业发生停业的，应当在停业前向税务机关书面提出停业报告。

■ 纳税人在停业期间发生纳税义务的，应当按照税收法律、行政法规的规定申报缴纳税款。

■ 纳税人在申报办理停业登记时，应如实填写停业复业报告书，说明停业理由、停业期限、停业前的纳税情况和发票的领、用、存情况，并结清应纳税款、滞纳金、罚款。纳税人的停业期限不得超过一年。

■ 纳税人按申报停业登记时的停业期限准期复业的，应当在停业到期前向主管税务机关申报办理复业登记。

■ 纳税人提前复业的，应当在恢复生产经营之前向主管税务机关申报办理复业登记。

■ 纳税人停业期满未按期复业又不申请延长停业的，视为已恢复生产经营，税务机关将纳入正常管理，并按核定税额按期征收税款。

■ 核定征收企业所得税的居民企业生产经营范围、主营业务发生重大变化，或者应纳税所得额或应纳税额增减变化达到20%的，应及时向税务机关报告，申报调整已确定的应纳税额或应纳所得率。

■ 被调查企业在税务机关实施特别纳税调查调整期间，申请变更经营地址的，税务机关在调查结案前原则上不予办理变更手续。

■ 被投资单位发生个人股东变动或者个人股东所持股权变动的，应当在次月15日内向主管税务机关报送股东变动信息及股东变更情况说明。

■ 受托代征人不得将其受托代征税款事项再行委托其他单位、组织或人员办理。

■ 纳税人拒绝缴纳的，受托代征人应自纳税人拒绝之时起24小时内将情况报告税务机关，税务机关应向纳税人追缴税款。

■ 受托代征人应按规定期限解缴税款，未按规定期限解缴税款的，由税务机关责令限期解缴，并可从税款滞纳之日起按日加收未解缴税款5‰的违约金。

■ 纳税人进行软件和集成电路产业企业所得税优惠事项资料报告后，还应将提交的资料留存备查，从企业享受优惠事项当年的企业所得税汇算清缴期结束次日起保留 10 年。

■ 纳税人因申报信息填写错误造成年度汇算多退或少缴税款，纳税人主动或经税务机关提醒后及时改正的，可以按照"首违不罚"的原则不予处罚。

■ 对于纳税人首次发生下列清单中所列事项且危害后果轻微，在税务机关发现前主动改正或者在税务机关责令限期改正的期限内改正的，不予行政处罚。具体包括：纳税人未按照《中华人民共和国税收征收管理法》及《中华人民共和国税收征收管理法实施细则》等有关规定将其全部银行账号向税务机关报送；纳税人未按照《中华人民共和国税收征收管理法》及《中华人民共和国税收征收管理法实施细则》等有关规定设置、保管账簿或者保管记账凭证和有关资料；纳税人未按照《中华人民共和国税收征收管理法》及《中华人民共和国税收征收管理法实施细则》等有关规定的期限办理纳税申报和报送纳税资料；纳税人未按照《中华人民共和国税收征收管理法》及《中华人民共和国税收征收管理法实施细则》《税务登记管理办法》等有关规定办理税务登记证件验证或者换证手续；纳税人未按照《中华人民共和国税收征收管理法》及《中华人民共和国税收征收管理法实施细则》等有关规定将财务、会计制度或者财务、会计处理办法和会计核算软件报送税务机关备查。

■ 对于纳税人首次发生下列清单中所列事项且危害后果轻微，在税务机关发现前主动改正或者在税务机关责令限期改正的期限内改正的，不予行政处罚。纳税人使用税控装置开具发票，未按照《中华人民共和国税收征收管理法》及《中华人民共和国税收征收管理法实施细则》《中华人民共和国发票管理办法》等有关规定的期限向主管税务机关报送开具发票的数据且没有违法所得；纳税人未按照《中华人民共和国税收征收管理法》及《中华人民共和国税收征收管理法实施细则》《中华人民共和国发票管理办法》等有关规定取得发票，以其他凭证代替发票使用且没有违法所得；纳税人未按照《中华人民共和国税收征收管理法》及《中华人民共和国税收征收管理法实施细则》《中华人民共和国发票管理办法》等有关规定缴销发票且没有违法所得；纳税人使用非税控电子器具开具发票，未按照《中华人民共和国税收征收管理法》及《中华人民共和国税收征收管理法实施细则》《中华人民共和国发票管理办法》等有关规定将非税控电子器具使用的软件程序说明资料报主管税务机关备案且没有违法所得；纳税人未按照《中华人民共和国税收征收管理法》及《中华人民共和国税收征收管理法实施细则》《中华人民共和国发票管理办法》等有关规定加盖发票专用章且没有违法所得。

■ 对于扣缴义务人首次发生下列清单中所列事项且危害后果轻微，在税务机关发现前主动改正或者在税务机关责令限期改正的期限内改正的，不予行政处罚。具体包括：扣缴义务人未按照《中华人民共和国税收征收管理法》及《中华人民共和国税收征收管理法实施细则》等有关规定设置、保管代扣代缴、代收代缴税款账簿或者保管代扣代缴、代收代缴税款记账凭证及有关资料；扣缴义务人未按照《中华人民共和国税收征收管理法》及《中华人民共和国税收征收管理法实施细则》等有关规定的期限报送代扣代缴、代收代缴税款有关资料；扣缴义务人未按照《税收票证管理办法》的规定开具税收票证；境内机构或个人向非居民发包工程作业或劳务项目，未按照《非居民承包工程作业和提供劳务税收管理暂行办法》的规定向主管税务机关报告有关事项。

■ 居民企业总机构及分支机构应填报《企业所得税汇总纳税总分机构信息备案表》，将总机构、所有上级分支机构及下属分支机构信息报送至各自所在地的主管税务机关备案。

■ 非居民企业汇总纳税的各机构、场所应在首次办理汇总缴纳企业所得税申报时，向所在地主管税务机关报送全部机构、场所等信息。

■ 总机构和具有主体生产经营职能的二级分支机构，就地分摊缴纳企业所得税。

■ 从事房地产开发的纳税人，应在取得土地使用权并获得房地产开发项目开工许可后，向主管税务机关报送《土地增值税项目报告表》。

■ 纳税人在首次申报城镇土地使用税和房产税时，应进行城镇土地使用税税源明细采集和房产税税源明细采集。同一产权证涉及多个房产的，应报告多条记录。

■ 生产、生活性服务业纳税人，在年度首次确认适用加计抵减政策时，应向主管税务机关提交《适用加计抵减政策的声明》。

■ 出口企业或其他单位备案登记的内容发生变更的，须自变更之日起30日内办理备案变更手续。

■ 境内机构和个人向非居民发包工程作业或劳务项目的，应当自项目合同签订之日起30日内向主管税务机关办理合同备案或劳务项目报告。

■ 境内机构和个人发包工程作业或劳务项目变更的，应于项目合同变更之日起10日内向主管税务机关办理变更报告。

■ 非居民企业股权转让选择特殊性税务处理的，应于股权转让合同或协议生效且完成工商变更登记手续30日内进行备案。

■ 企业应当依据规定，按纳税年度提供其关联交易的同期资料。同期资料包括主体文档、本地文档和特殊事项文档。特殊事项文档包括成本分摊协议特殊事项文档和资本弱化特殊事项文档。同期资料应当使用中文，并标明引用信息资料的出处来源。

■ 企业合并、分立的，应当由合并、分立后的企业保存同期资料。

■ 同期资料应当自税务机关要求之日起30日内提供。企业因不可抗力无法按期提供同期资料的，应当在不可抗力消除后30日内提供同期资料。

■ 同期资料应当自税务机关要求的准备完毕之日起保存10年。

■ 非境内注册居民企业应当自收到居民身份认定书之日起30日内向主管税务机关申报办理税务登记。

■ 一类出口企业的评定标准。生产企业应同时符合下列条件：（1）企业的生产能力与上一年度申报出口退（免）税规模相匹配；（2）近3年（含评定当年）未发生过虚开增值税专用发票或者其他增值税扣税凭证、骗取出口退税行为；（3）上一年度的年末净资产大于上一年度该企业已办理的出口退税额（不含免抵税额）的60%；（4）评定时纳税信用级别为A级或B级；（5）企业内部建立了较为完善的出口退（免）税风险控制体系。

■ 负责评定出口企业管理类别的税务机关，应在评定工作完成后的15个工作日内将评定结果告知出口企业，并主动公开一类、四类的出口企业名单。

■ 主管税务机关可为一类出口企业提供绿色办税通道（特约服务区），

优先办理出口退税，并建立重点联系制度，及时解决企业有关出口退（免）税问题。

■ 对一类出口企业申报的出口退（免）税，税务机关经审核，同时符合下列条件的，应自受理企业申报之日起 5 个工作日内办结出口退（免）税手续：（1）申报的电子数据与海关出口货物报关单结关信息、增值税专用发票信息比对无误；（2）出口退（免）税额计算准确无误；（3）不涉及税务总局和省国家税务局确定的预警风险信息；（4）属于外贸企业的，出口的货物是从纳税信用级别为 A 级或 B 级的供货企业购进；（5）属于外贸综合服务企业的，接受其提供服务的中小生产企业的纳税信用级别为 A 级或 B 级。

■ 简化服务贸易等项目对外支付税务备案流程，对于需要多次对外支付的同一笔合同，仅需在首次付汇前办理税务备案。取消对外国投资者以境内直接投资合法所得在境内再投资单笔 5 万美元以上进行税务备案的要求。

必考点检测训练

一、单选

1. 下列关于增值税一般纳税人登记表述有误的是：（ ）。

    A. 纳税人应在年应税销售额超过规定标准的月份（季度）所属申报期结束后 15 日内办理增值税一般纳税人登记或者选择按照小规模纳税人纳税的手续

    B. 未按规定时限办理的，主管税务机关应当在规定时限结束后 5 日内制作《税务事项通知书》，告知纳税人应当在 5 日内向主管税务机关办理相关手续

    C. 纳税人应在收到《税务事项通知书》后 5 日内向主管税务机关办理相关手续

    D. 逾期未办理的，自通知时限期满的次月起按销售额依照增值税税

率计算销项税额，抵扣进项税额

参考答案：D

2. 下列表述有误的是：（　　）。

　　A. 欠缴税款数额较大（10 万元以上）的纳税人在对其不动产或者大额资产进行转让、出租、出借、提供担保等处分之前，应当向税务机关报告

　　B. 境内机构和个人对同一笔合同需要多次对外支付的，仅需在首次付汇前办理税务备案

　　C. 外国投资者以境内直接投资合法所得在境内再投资无需办理税务备案

　　D. 财政预算内机关、事业单位、社会团体非贸易非经营性付汇业务无需办理税务备案

参考答案：A

3. 下列关于定期定额征收的个体工商户停业复业登记的表述有误的是：（　　）。

　　A. 实行定期定额征收的个体工商户或比照定期定额户进行管理的个人独资企业发生停业的，应当在停业前向税务机关书面提出停业报告

　　B. 纳税人在停业期间发生纳税义务的，应当按照税收法律、行政法规的规定申报缴纳税款

　　C. 纳税人在申报办理停业登记时，应如实填写停业复业报告书，说明停业理由、停业期限、停业前的纳税情况和发票的领、用、存情况，并结清应纳税款、滞纳金、罚款

　　D. 纳税人按申报停业登记时的停业期限准期复业的，应当在复业后向主管税务机关申报办理复业登记

参考答案：D

4. 被投资单位发生个人股东变动或者个人股东所持股权变动的，应当在次月（　　）日内向主管税务机关报送股东变动信息及股东变更情况说明。

　　A. 7　　　　　　B. 10　　　　　　C. 15　　　　　　D. 30

参考答案：C

5. 纳税人拒绝缴纳的，受托代征人应自纳税人拒绝之时起（　　）内将情况报告税务机关，税务机关应向纳税人追缴税款。

A. 12 小时 　　　　　　　　　　B. 24 小时

C. 3 个工作日 　　　　　　　　　D. 5 个工作日

参考答案：B

6. 纳税人进行软件和集成电路产业企业所得税优惠事项资料报告后，还应将提交资料留存备查，从企业享受优惠事项当年的企业所得税汇算清缴期结束次日起保留（　　）年。

A. 3 　　　　B. 5 　　　　C. 10 　　　　D. 15

参考答案：C

7. 下列表述有误的是：（　　）。

A. 生产、生活性服务业纳税人，在年度首次确认适用加计抵减政策时，应向主管税务机关提交《适用加计抵减政策的声明》

B. 出口企业或其他单位备案登记的内容发生变更的，须自变更之日起 30 日内办理备案变更手续

C. 境内机构和个人向非居民发包工程作业或劳务项目的，应当自项目合同签订之日起 30 日内向主管税务机关办理合同备案或劳务项目报告

D. 境内机构和个人发包工程作业或劳务项目变更的，应于项目合同变更之日起 30 日内向主管税务机关办理变更报告

参考答案：D

8. 下列关于同期资料的表述有误的是：（　　）。

A. 企业应当依据规定，按纳税年度提供其关联交易的同期资料。同期资料应当使用中文，并标明引用信息资料的出处来源

B. 企业合并、分立的，应当由合并、分立后的企业保存同期资料

C. 同期资料应当自税务机关要求之日起 30 日内提供。企业因不可抗力无法按期提供同期资料的，应当在不可抗力消除后 30 日内提供同期资料

D. 同期资料应当自税务机关要求的准备完毕之日起保存 5 年

参考答案：D

9. 负责评定出口企业管理类别的税务机关，应在评定工作完成后的
（　）个工作日内将评定结果告知出口企业，并主动公开一类、四类的出口
企业名单。

　A. 10　　　　　　B. 15　　　　　　C. 20　　　　　　D. 30

参考答案：B

二、多选

1. 下列表述正确的有：（　）。

    A. 已实行"多证合一、一照一码"登记模式的纳税人，首次办理涉
税事宜时，对税务机关依据市场监督管理等部门共享信息制作的
《"多证合一"登记信息确认表》进行确认，对其中不全的信息
进行补充，对不准确的信息进行更正

    B. 新设立登记的企业、农民专业合作社完成一照一码户登记信息确
认后，其加载统一社会信用代码的营业执照可代替税务登记证使
用，不再另行发放税务登记证件

    C. 纳税人不办理税务登记的，由税务机关责令限期改正，逾期不改
正的，经税务机关提请，由工商行政管理机关吊销其营业执照

    D. 从事生产、经营的个人应办而未办营业执照，但发生纳税义务
的，可以按规定申请办理临时税务登记

参考答案：ABCD

2. 下列表述正确的有：（　）。

    A. 主张身份证件被冒用于登记注册为法定代表人，根据登记机关登
记信息的变化情况，更改该法定代表人与纳税人的关联关系

    B. 主张身份证件被冒用于登记为财务负责人和其他办税人员，根据
其出具的个人声明、公安机关接报案回执等相关资料，解除其与
纳税人的关联关系

    C. 主张身份证件被冒用于登记为法定代表人、财务负责人和其他办
税人员的，3 个工作日办结

    D. 主张身份证件被冒用于登记为法定代表人、财务负责人和其他办

税人员的，即时办结

参考答案：ABD

3. 下列关于跨区域涉税事项报告与报验表述正确的有：（　　）。

　　A. 纳税人跨省（自治区、直辖市和计划单列市）临时从事生产经营活动的，向机构所在地的税务机关填报《跨区域涉税事项报告表》

　　B. 纳税人首次在经营地办理涉税事宜时，向经营地税务机关报验跨区域涉税事项

　　C. 纳税人跨区域经营活动结束后，应当结清经营地税务机关的应纳税款以及其他涉税事项，向经营地税务机关填报《经营地涉税事项反馈表》

　　D. 纳税人跨区域经营合同延期的，可以选择在经营地或机构所在地的税务机关办理报验管理有效期限延期手续

　　E. 异地不动产转让和租赁业务同样适用跨区域涉税事项制度规定

参考答案：ABCD

4. 下列关于增值税一般纳税人登记表述正确的有：（　　）。

　　A. 增值税纳税人年应税销售额超过财政部、国家税务总局规定的小规模纳税人标准的，除特殊规定外，应当办理一般纳税人登记

　　B. 年应税销售额未超过规定标准的纳税人，会计核算健全、能够提供准确税务资料的，可以办理一般纳税人登记

　　C. 应税销售额超过规定标准的自然人可不办理增值税一般纳税人登记

　　D. 非企业性单位、年应税销售额超过规定标准且不经常发生应税行为的单位和个体工商户，可选择按照小规模纳税人纳税

　　E. 从事成品油销售的加油站、航空运输企业、电信企业总机构及其分支机构，一律由主管税务机关登记为增值税一般纳税人

参考答案：ABCDE

5. 下列关于定期定额征收的个体工商户停业复业登记的表述正确的有：（　　）。

　　A. 纳税人的停业期限不得超过一年

B. 纳税人的停业期限不得超过三年

C. 纳税人提前复业的，应当在恢复生产经营之前向主管税务机关申报办理复业登记

D. 纳税人停业期满未按期复业又不申请延长停业的，视为已恢复生产经营，税务机关将纳入正常管理，并按核定税额按期征收税款

参考答案：ACD

6. 对于纳税人首次发生下列哪些事项且危害后果轻微，在税务机关发现前主动改正或者在税务机关责令限期改正的期限内改正的，不予行政处罚：（　　）。

A. 纳税人未按照《中华人民共和国税收征收管理法》及《中华人民共和国税收征收管理法实施细则》等有关规定将其全部银行账号向税务机关报送

B. 纳税人未按照《中华人民共和国税收征收管理法》及《中华人民共和国税收征收管理法实施细则》等有关规定设置、保管账簿或者保管记账凭证和有关资料

C. 纳税人未按照《中华人民共和国税收征收管理法》及《中华人民共和国税收征收管理法实施细则》等有关规定的期限办理纳税申报和报送纳税资料

D. 纳税人未按照《中华人民共和国税收征收管理法》及《中华人民共和国税收征收管理法实施细则》《税务登记管理办法》等有关规定办理税务登记证件验证或者换证手续

E. 纳税人未按照《中华人民共和国税收征收管理法》及《中华人民共和国税收征收管理法实施细则》等有关规定将财务、会计制度或者财务、会计处理办法和会计核算软件报送税务机关备查

参考答案：ABCDE

7. 对于纳税人首次发生下列哪些事项且危害后果轻微，在税务机关发现前主动改正或者在税务机关责令限期改正的期限内改正的，不予行政处罚：（　　）。

A. 纳税人使用税控装置开具发票，未按照《中华人民共和国税收征收管理法》及《中华人民共和国税收征收管理法实施细则》、发

票管理办法等有关规定的期限向主管税务机关报送开具发票的数据且没有违法所得

B. 纳税人未按照《中华人民共和国税收征收管理法》及《中华人民共和国税收征收管理法实施细则》《中华人民共和国发票管理办法》等有关规定取得发票，以其他凭证代替发票使用且没有违法所得

C. 纳税人未按照《中华人民共和国税收征收管理法》及《中华人民共和国税收征收管理法实施细则》《中华人民共和国发票管理办法》等有关规定缴销发票且没有违法所得

D. 纳税人使用非税控电子器具开具发票，未按照《中华人民共和国税收征收管理法》及《中华人民共和国税收征收管理法实施细则》《中华人民共和国发票管理办法》等有关规定将非税控电子器具使用的软件程序说明资料报主管税务机关备案且没有违法所得

E. 纳税人未按照《中华人民共和国税收征收管理法》及《中华人民共和国税收征收管理法实施细则》《中华人民共和国发票管理办法》等有关规定加盖发票专用章且没有违法所得

参考答案：ABCDE

8. 对于扣缴义务人首次发生下列哪些事项且危害后果轻微，在税务机关发现前主动改正或者在税务机关责令限期改正的期限内改正的，不予行政处罚：（　　）。

A. 扣缴义务人未按照《中华人民共和国税收征收管理法》及《中华人民共和国税收征收管理法实施细则》等有关规定设置、保管代扣代缴、代收代缴税款账簿或者保管代扣代缴、代收代缴税款记账凭证及有关资料

B. 扣缴义务人未按照《中华人民共和国税收征收管理法》及《中华人民共和国税收征收管理法实施细则》等有关规定的期限报送代扣代缴、代收代缴税款有关资料

C. 扣缴义务人未按照《税收票证管理办法》的规定开具税收票证

D. 境内机构或个人向非居民发包工程作业或劳务项目，未按照《非

居民承包工程作业和提供劳务税收管理暂行办法》的规定向主管
税务机关报告有关事项

参考答案：ABCD

9. 下列表述正确的有：（　　）。

A. 居民企业总机构及分支机构应填报《企业所得税汇总纳税总分机
构信息备案表》，将总机构、所有上级分支机构及下属分支机构
信息报送至各自所在地主管税务机关备案

B. 非居民企业汇总纳税的各机构、场所应在首次办理汇总缴纳企
业所得税申报时，向所在地主管税务机关报送全部机构、场所
等信息

C. 总机构和具有主体生产经营职能的二级分支机构，就地分摊缴纳
企业所得税

D. 从事房地产开发的纳税人，应在取得土地使用权并获得房地产
开发项目开工许可后，向主管税务机关报送《土地增值税项目报
告表》

E. 纳税人在首次申报城镇土地使用税和房产税时，应进行城镇土地
使用税税源明细采集和房产税税源明细采集。同一产权证涉及多
个房产的，应报告多条记录

参考答案：ABCDE

10. 同期资料包括：（　　）。

A. 主体文档　　　　　　　　　B. 本地文档

C. 一般事项文档　　　　　　　D. 特殊事项文档

参考答案：ABD

11. 一类出口企业的评定标准中生产企业应同时符合下列条件：（　　）。

A. 企业的生产能力与上一年度申报出口退（免）税规模相匹配

B. 近 3 年（含评定当年）未发生过虚开增值税专用发票或者其他增
值税扣税凭证、骗取出口退税行为

C. 上一年度的年末净资产大于上一年度该企业已办理的出口退税额
（不含免抵税额）的 60%

D. 评定时纳税信用级别为 A 级或 B 级

E. 企业内部建立了较为完善的出口退（免）税风险控制体系

参考答案：ABCDE

12. 对一类出口企业申报的出口退（免）税，经税务机关审核，同时符合下列哪些条件的，应自受理企业申报之日起5个工作日内办结出口退（免）税手续：（　　）。

A. 申报的电子数据与海关出口货物报关单结关信息、增值税专用发票信息比对无误

B. 出口退（免）税额计算准确无误

C. 不涉及国家税务总局和省国家税务局确定的预警风险信息

D. 属于外贸企业的，出口的货物是从纳税信用级别为 A 级或 B 级的供货企业购进

E. 属于外贸综合服务企业的，接受其提供服务的中小生产企业的纳税信用级别为 A 级或 B 级

参考答案：ABCDE

三、判断

1. 纳税人使用符合《中华人民共和国电子签名法》规定条件电子签名，与手写签名或者盖章有同等法律效力。　　　　　　　　　　（　　）

参考答案：√

2. 纳税人需要使用电子缴税系统缴纳税费的，可以与税务机关、开户银行签署委托银行代缴税款三方协议或委托划转税款协议，实现使用电子缴税系统缴纳税费、滞纳金和罚款。　　　　　　　　　（　　）

参考答案：√

3. 核定征收企业所得税的居民企业生产经营范围、主营业务发生重大变化，或者应纳税所得额或应纳税额增减变化达到10%的，应及时向税务机关报告，申报调整已确定的应纳税额或应税所得率。　　　　（　　）

参考答案：×

【核定征收企业所得税的居民企业生产经营范围、主营业务发生重大变化，或者应纳税所得额或应纳税额增减变化达到20%的，应及时向税务机关报告，

申报调整已确定的应纳税额或应税所得率。】

4. 被调查企业在税务机关实施特别纳税调查调整期间，申请变更经营地址的，税务机关在调查结案前原则上不予办理变更手续。　　　（　）

参考答案：√

5. 经委托代征税务机关同意，受托代征人可将其受托代征税款事项再行委托其他单位、组织或人员办理。　　　（　）

参考答案：×

【受托代征人不得将其受托代征税款事项再行委托其他单位、组织或人员办理。】

6. 受托代征人应按规定期限解缴税款，未按规定期限解缴税款的，由税务机关责令限期解缴，并可从税款滞纳之日起按日加收未解缴税款 5‰的违约金。　　　（　）

参考答案：√

7. 纳税人因申报信息填写错误造成年度汇算多退或少缴税款，纳税人主动或经税务机关提醒后及时改正的，可以按照"首违不罚"原则不予处罚。（　）

参考答案：√

8. 非居民企业股权转让选择特殊性税务处理的，应于股权转让合同或协议生效且完成工商变更登记手续 10 日内进行备案。　　　（　）

参考答案：×

【非居民企业股权转让选择特殊性税务处理的，应于股权转让合同或协议生效且完成工商变更登记手续 30 日内进行备案。】

9. 非境内注册居民企业应当自收到居民身份认定书之日起 60 日内向主管税务机关申报办理税务登记。　　　（　）

参考答案：×

【非境内注册居民企业应当自收到居民身份认定书之日起 30 日内向主管税务机关申报办理税务登记。】

10. 主管税务机关可为一类出口企业提供绿色办税通道（特约服务区），优先办理出口退税，并建立重点联系制度，及时解决企业有关出口退（免）税问题。　　　（　）

参考答案：√

第三章　发票办理

	初级	中级	高级
发票办理	1. 了解发票管理主要内容，领会发票管理是税收管理的重要环节，熟悉发票办理相关政策规定 2. 了解发票类违法违章行为的处罚依据，能够为纳税人提供正确的提醒、解释。知道简易处罚和一般处罚范围、权限、流程、操作模块的不同 3. 了解对发票办理业务方面的责任追究规定，避免出现执法过错 4. 熟悉发票领用的相关规定，根据纳税人经营范围、经营规模，准确核定发票票种种类、数量，按规定为首次领用增值税发票的纳税人核定发票用量和限额，对辅导期一般纳税人按规定核定、发放发票。能够正确提示纳税人发票使用中存在的涉税风险，提醒发票违法违规需要承担的法律责任	1. 熟悉发票违法行为处罚自由裁量权相关规定，给予纳税人正确的提醒、解释 2. 熟悉发票类违法行为对纳税人信用等级评价的影响，提醒纳税人按规定保管、使用发票 3. 熟悉内控系统操作规定，分析发票业务的执法风险点，减少工作失误 4. 熟悉发票管理的相关规定，根据纳税人税收风险程度、纳税信用级别和实际经营情况，在规定的限额限量范围内，分析确定合理的发票领用数量和最高开票限额，为纳税人确定合理的发票种类、限额、数量	1. 掌握借助内控平台规范发票管理服务行为的方法，持续优化内部管理及业务流程，加强监控，不断规范发票管理服务行为 2. 优化发票管理方式，大力推行数电发票 3. 掌握发票领用分类分级管理规定，协助有关部门识别及应对发票使用风险，避免简单按照纳税人所有制性质、所处行业、所在区域等因素，对纳税人领用发票进行不合理限制 4. 掌握优化发票验旧缴销流程的方法，充分利用税务系统内部控制监督平台等科技手段加强数据监控

	初级	中级	高级
发票办理	5.熟悉增值税防伪税控系统最高开票限额审批行政许可业务的政策规定、办理流程，能够准确办理该项业务 6.熟悉发票验旧的具体流程、服务规范、系统操作路径及模块，熟悉作废发票的验旧要求，准确查验作废发票全部联次，按规定办理相关业务并给予纳税人相应辅导 7.了解因信息变更、清税注销、发票损毁等需要办理发票缴销的具体情形及发票存放和保管的规定，能够向纳税人做出正确说明及提示提醒 8.掌握金税三期税收管理系统及增值税发票管理系统的操作模块及流程，能准确熟练办理票种核定、发票代开、存根联数据采集等发票办理业务，落实发票办理的基本服务规范 9.熟悉增值税普通发票和增值税专用发票的代开范围、报送资料、征免规定和自开专票的小规模纳税人政策规定，正确受理纳税人的代开申请，辅导纳税人正确自开 10.熟悉汇总代开的行业范围及业务范围、办理规范、资料核对的有关要求	5.熟悉对存在购销严重背离、虚假纳税申报、税务约谈两次无故不到等涉嫌虚开发票的纳税人限制供票的具体规定，能够按照规定对违法、违规纳税人在核心征管系统和增值税发票管理系统中对纳税人使用发票进行限制 6.熟悉综合分析发票验旧、缴销业务与发票领用、申报纳税、停业注销等事项的关联，梳理发票验旧缴销业务风险点的方法，对系统中的发票风险提示有正确的处理办法 7.掌握数电发票与纸质发票等在开具、保管、作废、开具红字发票、交付等方面的差异化要求，能够准确解答纳税人关于发票使用问题的咨询 8.熟悉代开业务与纳税人身份信息报告、申报纳税、预征税款、税收优惠、停业注销、发票勾选确认等业务的关联，分析发票代开业务风险点 9.熟悉开具红字发票的要求，能够解答纳税人关于开具红字发票的有关咨询，能够准确辅导纳税人纳税申报表的填写和账务处理 10.掌握增值税进项抵扣相关政策规定，对未按期申报抵扣增值税扣税凭证抵扣申请、逾期增值税抵扣凭证抵扣申请和海关缴款书核查业务的风险点，辅导纳税人做好风险防控	5.掌握小规模纳税人自开增值税专用发票的相关规定 6.掌握发票办理的相关要求，拓展办理渠道，完善电子税务局、税务APP和办税终端功能，充分利用大数据平台加强监控 7.掌握与海关的信息共享与部门协作机制，优化海关缴款书核查申请业务流程 8.持续优化发票真伪鉴定业务流程

	初级	中级	高级
发票办理	11. 熟悉代开发票开具错误、销售退回、服务中止等情形需开具红字专用发票、作废发票的规定 12. 熟悉发票开具和保管的相关要求，红字发票开具要求，为纳税人提供准确的咨询辅导 13. 熟悉离线开票时限和离线开具发票总金额范围，离线开具发票的存根联采集要求 14. 熟悉发票遗失、损毁、丢失、被盗税控专用设备的处理办法、处罚依据及标准，熟悉红字增值税专用发票开具操作流程，能够准确辅导纳税人办理相关业务 15. 熟悉未按期申报抵扣增值税扣税凭证允许继续抵扣的情形和条件、办理时限和办理流程，按规范办理未按期申报抵扣增值税扣税凭证抵扣申请业务 16. 熟悉逾期增值税抵扣凭证允许继续抵扣的情形和条件、办理时限和办理流程，按规范办理逾期增值税抵扣凭证抵扣申请业务 17. 熟悉发票真伪鉴定基本流程，能通过增值税发票查验平台，对发票信息进行查验 18. 熟悉海关进口增值税专用缴款书"先比对后抵扣"管理办法的具体规定，按规范办理海关缴款书核查申请业务 19. 落实发票办理事项基本服务规范	11. 熟悉发票真伪鉴定规定，能够准确告知纳税人各种发票真伪的查询途径。对鉴定有困难的，明确知晓处理流程	

必懂复习策略

本章主要内容包括发票办理概述、发票印制、发票领用、发票代开、发票开具和保管、发票相关服务等。其中发票领用、发票代开、发票开具和保管比较重要，应重点掌握。

发票领用是发票管理的重要环节，应重点掌握核定发票票种、票量相关规定，熟悉辅导期一般纳税人发票领用规定，掌握增值税专用发票最高开票限额相关规定等。

发票代开是常见业务，应重点掌握增值税普通发票和增值税专用发票的代开范围和相关征免规定。

发票开具和保管是发票业务的重点。应重点掌握发票开具和保管的相关要求、红字发票开具要求、离线开票时限和金额等。

初级考生学习侧重点应为基础知识，如发票领用开具具体规定等；中级考生学习侧重点应为具体规定及相关风险防范等；高级考生学习侧重点应为各方面知识的综合运用和加强管理。

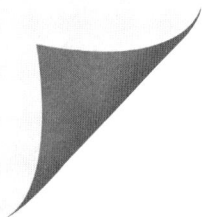

必会核心知识

■ 印制发票的企业应具备的条件：取得印刷经营许可证和营业执照；设备、技术水平能够满足印刷发票的需要；有健全的财务制度和严格的质量监督、安全管理、保密制度。

■ 印制发票企业印制完毕的成品应当按照规定验收后专库保管，不得丢失。废品应当及时销毁。禁止在境外印制发票。禁止私自印制、伪造、变造发票。

■ 印制发票应当使用国务院税务主管部门确定的全国统一的发票防伪专用品。禁止非法制造发票防伪专用品。发票防伪专用品应当按照规定专库保管，不得丢失。次品、废品应当在税务机关的监督下集中销毁。

■ 发票应当套印全国统一发票监制章。全国统一发票监制章的式样和发票版面印刷的要求，由国务院税务主管部门规定。

■ 电子专票由各省税务局监制，采用电子签名代替发票专用章，属于增值税专用发票，其法律效力、基本用途、基本使用规定等与增值税纸质专用发票（以下简称"纸质专票"）相同。

■ 自各地专票电子化实行之日起，本地区需要开具增值税纸质普通发票、增值税电子普通发票、纸质专票、电子专票、纸质机动车销售统一发票和纸质二手车销售统一发票的新办纳税人，统一领取税务 UKey 开具发票。税务机关向新办纳税人免费发放税务 UKey，并依托增值税电子发票公共服务平台，为纳税人提供免费的电子专票开具服务。

■ 税务机关按照电子专票和纸质专票的合计数，为纳税人核定增值税专用发票领用数量。电子专票和纸质专票的增值税专用发票（增值税税控系统）的最高开票限额应当相同。

■ 纳税人开具增值税专用发票时，既可以开具电子专票，也可以开具纸质专票。受票方索取纸质专票的，开票方应当开具纸质专票。

■ 纳税信用 A 级的纳税人可一次领取不超过 3 个月的增值税发票用量，纳税信用 B 级的纳税人可一次领取不超过 2 个月的增值税发票用量。

■ 对于实行纳税辅导期管理的增值税一般纳税人，每次发放专用发票的数量不得超过 25 份。

■ 对于实行纳税辅导期管理的增值税一般纳税人，一个月内多次领用专用发票的，应从当月第二次领用专用发票起，按照上一次已领用并开具的专用发票销售额的 3% 预缴增值税。

■ 税务机关为符合规定的新办纳税人首次申领增值税发票办理发票票种核定，增值税专用发票的最高开票限额不超过 10 万元，每月最高领用数量不超过 25 份。税务机关按照电子专票和纸质专票的合计数，为纳税人核定增值税专用发票领用数量。

■ 一般纳税人申请增值税专用发票最高开票限额不超过十万元的，主管税务机关不需事前进行实地查验。

■ 实行纳税辅导期管理的小型商贸批发企业，领购专用发票的最高开票限额不得超过十万元。

■ 对纳税信用评价为 D 级的纳税人，增值税专用发票领用按辅导期一般纳税人政策办理，普通发票的领用实行交（验）旧供新、严格限量供应。

■ 自 2020 年 2 月 1 日起，增值税小规模纳税人（其他个人除外）发生增值税应税行为，需要开具增值税专用发票的，可以自愿使用增值税发票管理系统自行开具。选择自行开具增值税专用发票的小规模纳税人，税务机关不再为其代开增值税专用发票。

■ 其他个人委托房屋中介、住房租赁企业等单位出租不动产，需要向承租方开具增值税发票的，可以由受托单位代其向主管税务机关按规定申请代开增值税发票。

■ 小规模纳税人转让其取得的不动产，不能自行开具增值税发票的，可向不动产所在地主管税务机关申请代开。

■ 纳税人向其他个人转让其取得的不动产、出租不动产，不得开具或申请代开增值税专用发票。

■ 小规模纳税人中的单位和个体工商户出租不动产，不能自行开具增值税发票的，可向不动产所在地主管税务机关申请代开增值税发票。

■ 其他个人销售其取得的不动产和出租不动产，购买方或承租方不属于其他个人的，纳税人缴纳增值税等税费后可以向不动产所在地主管税务机关申请代开增值税专用发票。

■ 小规模纳税人跨县（市、区）提供建筑服务，不能自行开具增值税发票的，可向建筑服务发生地主管税务机关按照其取得的全部价款和价外费用申请代开增值税发票。

■ 提供建筑服务，纳税人代开增值税发票时，应提供建筑服务发生地县（市、区）名称及项目名称。

■ 销售不动产，纳税人代开增值税发票时，应在"货物或应税劳务、服务名称"栏填写不动产名称及房屋产权证书号码（无房屋产权证书的可不填写），"单位"栏填写面积单位，应提供不动产的详细地址。

■ 出租不动产，纳税人代开增值税发票时，应提供不动产的详细地址。

■ 自2021年4月1日起，个体工商户、个人独资企业、合伙企业和个人申请代开货物运输业增值税发票时，税务机关不再预征个人所得税，而是由纳税人依法自行申报缴纳。

■ 发票代开点应分别设置税款征收岗（受理岗）、代开发票岗和发票管理岗，严格按规定配置相关岗位权限。发票管理岗与代开发票岗的人员和权限不得混用，税款征收岗（受理岗）和代开发票岗的岗位人员和权限应尽可能分设。

■ 办税服务场所发票代开点应设置内控岗（应为正式税务干部，可兼职），业务量较大的每5个代开业务窗口应设置1个专职内控岗。对于其他单位的发票代开点，主管税务机关应根据业务量至少设置1个内控岗专（兼）职人员，负责日常内控管理工作。

■ 内控岗要采用"信息化＋人工巡查"的方式，按日对代开发票中可能存在的内部风险进行有效排查和应对，确保风险早发现、早处置，并形成台账，记录内控岗工作情况，包括：风险点类型、涉及纳税人识别号、涉及税务人员、处理情况、责任追究情况。人工巡查暂按代开业务量的5%或每日不少于10笔业务开展，重点关注代开金额大、代开频次高、作废发票、红冲发票等情况。

■ 购买方取得专用发票未用于申报抵扣，但发票联或抵扣联无法退回的，购买方填开《开具红字增值税专用发票信息表》时应填写相对应的蓝字专用发票信息。购买方未将电子专票用于申报抵扣的，由销售方在发票管理系统中填开并上传《信息表》，填开《信息表》时应填写相对应的蓝字电子专票信息。

■ 销售方凭税务机关系统校验通过的《开具红字增值税专用发票信息表》开具红字专用发票，在增值税发票管理系统中以销项负数开具。红字增值税专用发票应与《信息表》一一对应。

■ 纳税人开具电子专票后，发生销货退回、开票有误、应税服务中止、销售折让等情形，需要开具红字电子专票的，如购买方已将电子专票用于申报抵扣，由购买方在增值税发票管理系统中填开并上传《开具红字增值税专用发票信息表》，填开《信息表》时不填写相对应的蓝字电子专票信息。

■ 纳税人因网络故障等原因无法在线开票的，在税务机关设定的离线开票时限和离线开具发票总金额范围内仍可开票，超限将无法开具发票。

■ 国家税务总局将增值税发票选择确认平台升级为增值税发票综合服务平台，为纳税人提供发票用途确认、风险提示、信息下载等服务。纳税人取得增值税专用发票、机动车销售统一发票、收费公路通行费增值税电子普通发票后，如需用于申报抵扣增值税进项税额或申请出口退税、代办退税，应当登录增值税发票综合服务平台确认发票用途。

■ 取得增值税发票的单位和个人可登录全国增值税发票查验平台（https://inv-veri.chinatax.gov.cn），对增值税发票管理系统开具的发票信息进行查验；普通发票的真伪鉴定由鉴定受理税务机关负责；受理税务机关鉴定有困难的，可以提请发票监制税务机关协助鉴定；在伪造、变造现场查获的假发票，由当地税务机关负责鉴定。

■ 受票方取得电子专票用于申报抵扣增值税进项税额或申请出口退税、代办退税的，应当登录增值税发票综合服务平台确认发票用途。单位和个人可以通过全国增值税发票查验平台（https://inv-veri.chinatax.gov.cn）对电子专票信息进行查验；可以通过全国增值税发票查验平台下载增值税电子发票版式文件阅读器，查阅电子专票并验证电子签名的有效性。

■ 应当开具而未开具发票，或者未按照规定的时限、顺序、栏目，全部联次一次性开具发票，或者未加盖发票专用章的，由税务机关责令改正，可以处 1 万元以下的罚款。

■ 虚开发票的，由税务机关没收违法所得；虚开金额在 1 万元以下的，可以并处 5 万元以下的罚款。虚开发票金额超过 1 万元的，并处 5 万元以上 50 万元以下的罚款；构成犯罪的，依法追究刑事责任。

■ 对违反发票管理规定 2 次以上或者情节严重的单位和个人，税务机关可以向社会公告。

■ 增值税一般纳税人取得仅注明一个缴款单位信息的海关缴款书，应当登录本省（区、市）增值税发票综合服务平台（以下简称"综合服务平台"）查询、选择用于申报抵扣或出口退税的海关缴款书信息。通过综合服务平台查询到的海关缴款书信息与实际情况不一致或未查询到对应信息的，应当上传海关缴款书信息，经系统稽核比对相符后，纳税人登录综合服务平台查询、选择用于申报抵扣或出口退税的海关缴款书信息。

■ 增值税一般纳税人取得注明两个缴款单位信息的海关缴款书，应当上传海关缴款书信息，经系统稽核比对相符后，纳税人登录综合服务平台查询、选择用于申报抵扣或出口退税的海关缴款书信息。

■ 对于稽核比对结果为不符、缺联的海关缴款书，纳税人应当持海关缴款书原件向主管税务机关申请数据修改或核对。属于纳税人数据采集错误的，数据修改后再次进行稽核比对；不属于数据采集错误的，纳税人可向主管税务机关申请数据核对，主管税务机关会同海关进行核查。经核查，海关缴款书票面信息与纳税人实际进口货物业务一致的，纳税人登录综合服务平台查询、选择用于申报抵扣或出口退税的海关缴款书信息。

■ 对于稽核比对结果为重号的海关缴款书，纳税人可向主管税务机关申请核查。经核查，海关缴款书票面信息与纳税人实际进口货物业务一致的，纳税人登录综合服务平台查询、选择用于申报抵扣或出口退税的海关缴款书信息。

■ 对于稽核比对结果为滞留的海关缴款书，可继续参与稽核比对，纳税人不需要申请数据核对。

必考点检测训练

一、单选

1. 下列关于电子专票的表述有误的是：（　　）。

A. 电子专票由各省税务局监制，采用电子签名代替发票专用章，属于增值税专用发票，其法律效力、基本用途、基本使用规定等与增值税纸质专用发票相同

B. 自各地专票电子化实行之日起，本地区需要开具增值税纸质普通发票、增值税电子普通发票、纸质专票、电子专票、纸质机动车销售统一发票和纸质二手车销售统一发票的新办纳税人，统一领取税务 UKey 开具发票

C. 税务机关向新办纳税人免费发放税务 UKey，并依托增值税电子发票公共服务平台，为纳税人提供免费的电子专票开具服务

D. 纳税人开具增值税专用发票时，既可以开具电子专票，也可以开具纸质专票。受票方不能指定索取纸质专票

参考答案：D

2. 下列关于发票领用的表述有误的是：（　　）。

A. 纳税信用 A 级的纳税人可一次领取不超过 2 个月的增值税发票用量，纳税信用 B 级的纳税人可一次领取不超过 1 个月的增值税发票用量

B. 对于实行纳税辅导期管理的增值税一般纳税人，每次发放专用发票的数量不得超过 25 份

C. 对于实行纳税辅导期管理的增值税一般纳税人，一个月内多次领用专用发票的，应从当月第二次领用专用发票起，按照上一次已领用并开具的专用发票销售额的 3% 预缴增值税

D. 税务机关为符合规定的新办纳税人首次申领增值税发票办理发票票种核定，增值税专用发票的最高开票限额不超过 10 万元，每

月最高领用数量不超过 25 份

参考答案：A

3. 下列关于发票管理的表述有误的是：（   ）。

    A．税务机关按照电子专票和纸质专票的合计数，为纳税人核定增值税专用发票的领用数量

    B．一般纳税人申请增值税专用发票最高开票限额不超过百万元的，主管税务机关不需要事前进行实地查验

    C．实行纳税辅导期管理的小型商贸批发企业，领购专用发票的最高开票限额不得超过十万元

    D．对纳税信用评价为 D 级的纳税人，增值税专用发票领用按辅导期一般纳税人政策办理，普通发票的领用实行交（验）旧供新、严格限量供应

参考答案：B

4. 下列关于发票代开的表述有误的是：（   ）。

    A．自 2020 年 2 月 1 日起，增值税小规模纳税人（其他个人除外）发生增值税应税行为，需要开具增值税专用发票的，可以自愿使用增值税发票管理系统自行开具

    B．选择自行开具增值税专用发票的小规模纳税人，税务机关不再为其代开增值税专用发票

    C．其他个人委托房屋中介、住房租赁企业等单位出租不动产，需要向承租方开具增值税发票的，可以由受托单位代其向主管税务机关按规定申请代开增值税发票

    D．小规模纳税人转让其取得的不动产，不能自行开具增值税发票的，可向注册登记地主管税务机关申请代开

参考答案：D

5. 下列关于发票代开的表述有误的是：（   ）。

    A．纳税人向其他个人转让其取得的不动产、出租不动产，应开具或申请代开增值税专用发票

    B．小规模纳税人中的单位和个体工商户出租不动产，不能自行开具增值税发票的，可向不动产所在地主管税务机关申请代开增值税

发票

  C. 其他个人销售其取得的不动产和出租不动产，购买方或承租方不属于其他个人的，纳税人缴纳增值税等税费后可以向不动产所在地主管税务机关申请代开增值税专用发票

  D. 小规模纳税人跨县（市、区）提供建筑服务，不能自行开具增值税发票的，可向建筑服务发生地主管税务机关按照其取得的全部价款和价外费用申请代开增值税发票

参考答案：A

二、多选

1. 印制发票的企业应具备的条件有：（　　）。
  A. 取得印刷经营许可证和营业执照
  B. 设备、技术水平能够满足印刷发票的需要
  C. 有健全的财务制度
  D. 有严格的质量监督、安全管理、保密制度

参考答案：ABCD

2. 下列关于发票印制的表述正确的有：（　　）。
  A. 印制发票应当使用国务院税务主管部门确定的全国统一的发票防伪专用品
  B. 禁止非法制造发票防伪专用品
  C. 发票防伪专用品应当按照规定专库保管，不得丢失
  D. 次品、废品应当在税务机关的监督下集中销毁
  E. 发票应当套印全国统一的发票监制章。全国统一发票监制章的式样和发票版面印刷的要求，由国务院税务主管部门规定

参考答案：ABCDE

3. 下列关于发票印制的表述正确的有：（　　）。
  A. 印制发票企业印制完毕的成品应当按照规定验收后专库保管，不得丢失
  B. 废品应当及时销毁

C. 禁止在境外印制发票

D. 禁止私自印制、伪造、变造发票

参考答案：ABCD

4. 下列关于发票代开的表述正确的有：（　　）。

A. 提供建筑服务，纳税人代开增值税发票时，应提供建筑服务发生地县（市、区）名称及项目名称

B. 销售不动产，纳税人代开增值税发票时，应在"货物或应税劳务、服务名称"栏填写不动产名称及房屋产权证书号码（无房屋产权证书的可不填写），"单位"栏填写面积单位，应提供不动产的详细地址

C. 出租不动产，纳税人代开增值税发票时，应提供不动产的详细地址

D. 自 2021 年 4 月 1 日起，个体工商户、个人独资企业、合伙企业和个人申请代开货物运输业增值税发票时，税务机关不再预征个人所得税，而是由纳税人依法自行申报缴纳

参考答案：ABCD

5. 发票代开点应分别设置哪些岗位，严格按规定配置相关岗位权限：（　　）。

A. 税款征收岗（受理岗）　　B. 代开发票岗

C. 审核确认岗　　D. 发票管理岗

参考答案：ABD

6. 发票代开点的内控岗要采用"信息化 + 人工巡查"的方式，按日对代开发票中可能存在的内部风险进行有效排查和应对，确保风险早发现、早处置，并形成台账，记录内控岗工作情况，包括：（　　）。

A. 风险点类型　　B. 涉及纳税人识别号

C. 涉及税务人员　　D. 处理情况

E. 责任追究情况

参考答案：ABCDE

7. 发票代开点内控岗人工巡查暂按代开业务量的 5 % 或每日不少于 10 笔业务开展，重点关注（　　）等情况。

A. 代开金额大   B. 代开频次高

C. 作废发票   D. 红冲发票

参考答案：ABCD

8. 下列关于发票代开的表述正确的有：（ ）。

A. 购买方取得专用发票未用于申报抵扣、但发票联或抵扣联无法退回的，购买方填开《开具红字增值税专用发票信息表》时应填写相对应的蓝字专用发票信息

B. 购买方未将电子专票用于申报抵扣的，由销售方在发票管理系统中填开并上传《信息表》，填开《信息表》时应填写相对应的蓝字电子专票信息

C. 销售方凭税务机关系统校验通过的《开具红字增值税专用发票信息表》开具红字专用发票，在增值税发票管理系统中以销项负数开具

D. 红字增值税专用发票应与《信息表》一一对应

E. 纳税人开具电子专票后，发生销货退回、开票有误、应税服务中止、销售折让等情形，需要开具红字电子专票的，如购买方已将电子专票用于申报抵扣，由购买方在增值税发票管理系统中填开并上传《开具红字增值税专用发票信息表》，填开《信息表》时应填写相对应的蓝字专用发票信息

参考答案：ABCD

9. 下列表述正确的有：（ ）。

A. 国家税务总局将增值税发票选择确认平台升级为增值税发票综合服务平台，为纳税人提供发票用途确认、风险提示、信息下载等服务

B. 纳税人取得增值税专用发票、机动车销售统一发票、收费公路通行费增值税电子普通发票后，如需用于申报抵扣增值税进项税额或申请出口退税、代办退税，应当登录增值税发票综合服务平台确认发票用途

C. 受票方取得电子专票用于申报抵扣增值税进项税额或申请出口退税、代办退税的，应当登录增值税发票综合服务平台确认发票

用途

D. 单位和个人可以通过全国增值税发票查验平台（https://inv-veri.chinatax.gov.cn）对电子专票信息进行查验

E. 单位和个人可以通过全国增值税发票查验平台下载增值税电子发票版式文件阅读器，查阅电子专票并验证电子签名的有效性

参考答案：ABCDE

10．下列表述正确的有：（　　）。

A. 取得增值税发票的单位和个人可登录全国增值税发票查验平台（https://inv-veri.chinatax.gov.cn），对增值税发票管理系统开具的发票信息进行查验

B. 普通发票的真伪鉴定由鉴定受理税务机关负责

C. 受理税务机关鉴定有困难的，可以提请发票监制税务机关协助鉴定

D. 在伪造、变造现场查获的假发票，由当地税务机关负责鉴定

参考答案：ABCD

11．下列关于虚开发票的表述正确的有：（　　）。

A. 虚开发票的，由税务机关没收违法所得

B. 虚开金额在 1 万元以下的，可以并处 10 万元以下的罚款

C. 虚开发票金额超过 1 万元的，并处 5 万元以上 50 万元以下的罚款

D. 构成犯罪的，依法追究刑事责任

参考答案：ACD

12．下列关于海关缴款书的表述正确的有：（　　）。

A. 增值税一般纳税人取得仅注明一个缴款单位信息的海关缴款书，应当登录本省（区、市）增值税发票综合服务平台（以下简称"综合服务平台"）查询、选择用于申报抵扣或出口退税的海关缴款书信息

B. 通过综合服务平台查询到的海关缴款书信息与实际情况不一致或未查询到对应信息的，应当上传海关缴款书信息，经系统稽核比对相符后，纳税人登录综合服务平台查询、选择用于申报抵扣或出口退税的海关缴款书信息

C. 增值税一般纳税人取得注明两个缴款单位信息的海关缴款书，应当上传海关缴款书信息，经系统稽核比对相符后，纳税人登录综合服务平台查询、选择用于申报抵扣或出口退税的海关缴款书信息

D. 对于稽核比对结果为重号的海关缴款书，纳税人可向主管税务机关申请核查。经核查，海关缴款书票面信息与纳税人实际进口货物业务一致的，纳税人登录综合服务平台查询、选择用于申报抵扣或出口退税的海关缴款书信息

E. 对于稽核比对结果为滞留的海关缴款书，纳税人应当持海关缴款书原件向主管税务机关申请数据核对。经核查，海关缴款书票面信息与纳税人实际进口货物业务一致的，纳税人登录综合服务平台查询、选择用于申报抵扣或出口退税的海关缴款书信息

参考答案：ABCD

13. 对于稽核比对结果为不符、缺联的海关缴款书，下列表述正确的有：（　　）。

A. 纳税人应当持海关缴款书原件向主管税务机关申请数据修改或核对

B. 属于纳税人数据采集错误的，数据修改后再次进行稽核比对

C. 不属于数据采集错误的，纳税人可向主管税务机关申请数据核对，主管税务机关会同海关进行核查

D. 经核查，海关缴款书票面信息与纳税人实际进口货物业务一致的，纳税人登录综合服务平台查询、选择用于申报抵扣或出口退税的海关缴款书信息

参考答案：ABCD

三、判断

1. 税务机关按照电子专票和纸质专票的合计数，为纳税人核定增值税专用发票领用数量。电子专票和纸质专票的增值税专用发票（增值税税控系统）的最高开票限额应分别设置。（　　）

参考答案：×

【税务机关按照电子专票和纸质专票的合计数，为纳税人核定增值税专用发票领用数量。电子专票和纸质专票的增值税专用发票（增值税税控系统）的最高开票限额应当相同。】

2. 发票管理岗与代开发票岗的人员和权限不得混用，税款征收岗（受理岗）和代开发票岗的岗位人员和权限应尽可能分设。　　　　　　　（　）

参考答案：√

3. 办税服务场所发票代开点应设置内控岗（应为正式税务干部，可兼职），业务量较大的每 10 个代开业务窗口应设置 1 个专职内控岗。对于其他单位的发票代开点，主管税务机关应根据业务量至少设置 1 个内控岗专（兼）职人员，负责日常内控管理工作。　　　　　　　　　　　　（　）

参考答案：×

【办税服务场所发票代开点应设置内控岗（应为正式税务干部，可兼职），业务量较大的每 5 个代开业务窗口应设置 1 个专职内控岗。对于其他单位的发票代开点，主管税务机关应根据业务量至少设置 1 个内控岗专（兼）职人员，负责日常内控管理工作。】

4. 纳税人因网络故障等原因无法在线开票的，在税务机关设定的离线开票时限和离线开具发票总金额范围内仍可开票，超限将无法开具发票。（　）

参考答案：√

5. 应当开具而未开具发票，或者未按照规定的时限、顺序、栏目，全部联次一次性开具发票，或者未加盖发票专用章的，由税务机关责令改正，可以处 5 万元以下的罚款。　　　　　　　　　　　　　　　　　（　）

参考答案：×

【应当开具而未开具发票，或者未按照规定的时限、顺序、栏目，全部联次一次性开具发票，或者未加盖发票专用章的，由税务机关责令改正，可以处 1 万元以下的罚款。】

6. 对违反发票管理规定 2 次以上或者情节严重的单位和个人，税务机关可以向社会公告。　　　　　　　　　　　　　　　　　　　（　）

参考答案：√

第四章　申报纳税

	初级	中级	高级
申报纳税	1.熟悉纳税申报的方式、渠道、税款追征权的归属,知晓纳税人对报送材料的申报真实性和合法性承担责任,在受理申报时给予纳税人提醒 2.熟悉证明事项"告知承诺制"业务范围,实施规范管理,对申报资料的完整性及形式上的合法性进行审核 3.熟悉各税费种申报表的适用范围、申报方式、流程、期限、材料、渠道等,基本结构和表间表内逻辑关系,并能准确选用,准确辅导纳税人填写各类申报表 4.掌握各税种申报错误更正在信息系统中的不同操作模块及流程,能准确熟练办理各税种申报错误更正,落实申报错误更正基本服务规范 5.熟悉不含税销售额与含税销售额、一般计税方法与简易计税方法、差额扣除前与差额扣除后销售额、一窗式比对等增值税申报相关的基本名词和申报表的基本填写口径	1.熟悉申报期顺延的政策规定,合理安排征期工作 2.熟悉申报类违法违章行为对纳税人信用等级评价的影响,熟悉申报类事项"首违不罚"适用情形,提醒纳税人及时、如实办理纳税申报 3.熟悉异地提供建筑服务、异地出租销售不动产及房地产开发企业预售业务的纳税人,在预缴申报、代开发票、申报抵减、主税附加税合并申报等方面的政策规定,综合分析处理增值税预缴申报及后续业务 4.熟悉差额征税政策,综合分析填写适用差额征税全额开票、差额征税差额开票的纳税人在不同开票方式下的增值税申报表 5.熟悉农产品加计扣除及加计抵减、旅客运输服务进项税额抵扣、简易计税、购置税控专用设备及技术维护费抵减、未开票收入、总分机构汇总申报、稽查查补申报等特殊业务的增值税申报计算填写	1.掌握多元化申报渠道的管理要求,持续优化纳税申报机制 2.掌握税务机关和纳税人在申报纳税方面的责任义务边界,还责还权于纳税人 3.掌握各税费种政策,对优化申报提出意见与建议,探索要素化、全电子申报 4.掌握各税费种申报与税费种认定、财务报表数据、一般纳税人登记、税收优惠、税源信息采集、预缴税款、代开发票等业务的关联,分析各税费种之间申报数据的勾稽关系 5.综合分析评价"一窗式"比对各项监控指标,分析处理未开票收入、差额开票等比对异常业务,合理确定"白名单"及"风险纳税人信息维护"范围

	初级	中级	高级
申报纳税	6. 熟悉附加税费申报表与主体税种申报表整合申报，能够准确辅导纳税人正确填写申报表 7. 掌握各税费种申报纳税在信息系统中的操作模块及流程，能准确熟练办理增值税申报纳税业务，落实申报纳税业务的基本服务规范 8. 熟悉企业所得税申报中收入类、扣除类、资产类税会差异的计算口径 9. 了解居民企业汇算清缴申报中税会差异和各类优惠减免对应税所得的调整，尤其是所得调减事项能够正确填写对应栏次 10. 熟悉个人所得税居民纳税人与非居民纳税人的概念，准确辅导扣缴义务人、纳税人进行税款扣缴和自行申报 11. 熟悉经营所得、其他分类所得、限售股转让所得个人所得税清算申报的相关规定，能够准备辅导纳税人填写各类申报表 12. 熟悉房地产交易综合申报，并能在信息系统中进行熟练操作 13. 熟悉不同纳税人应报送财务会计报告的种类、期限及形式，辅导纳税人正确报送财务会计报告 14. 熟悉委托代征申报、代扣代缴申报在信息系统中的操作路径和模块，正确处理相关业务	6. 运用"一窗式"比对规程，分析"一窗式"比对不符原因，按规定处理各类比对不符业务 7. 运用增值税申报与税收优惠、预缴税款等前置业务的关联，分析处理申报异常情况 8. 熟悉消费税主附表间勾稽关系，对相应申报进行比对分析，并能正确处理 9. 熟悉正确处理收入类、扣除类、资产类税会差异、特别纳税调整以及房地产开发企业特定业务等特殊调整事项的申报表主附表填写 10. 熟悉减计收入、加计扣除、所得减免、税额抵减、优惠税率等优惠事项的申报表主附表填写以及叠加优惠事项的处理与填写 11. 正确处理总分机构汇总申报、境外所得抵免、债务重组、股权激励等特殊业务的申报表计算填写 12. 熟悉代扣代缴申报与扣缴义务人信息报告、非居民企业认定、源泉扣缴合同信息采集等前置业务之间的关联及对采取实际利润额预缴以外的其他企业所得税预缴方式的核定的相关规定，正确处理申报异常情况 13. 熟悉预约定价安排的谈签适用对象、办理机关、简易程序等政策规定 14. 熟悉综合所得年度汇算申报、年度经营所得汇算清缴申报，分析此类申报常见问题，提出解决方案	6. 综合评价税会差异的形成与影响，分析部分事项税会趋同的可行性与发展方向 7. 综合分析企业所得税清算申报在企业整个注销流程中的风险防控作用，优化申报表设计 8. 掌握预约定价安排的谈签适用对象、办理机关及简易程序等政策规定 9. 熟悉税收协定相互协商程序实施办法，按规定时限完成上报总局启动税务相互协商程序 10. 掌握税源部门、办税服务厅、社会协作单位在个人所得税申报中的职责，及时做好沟通协调工作 11. 掌握建立健全个人所得税信息保密机制 12. 结合纳税人信用、风险情况等，进一步优化申报流程，减少资料报送 13. 对房地产交易综合申报的相关事项与有关部门沟通协调，最大程度地实现信息共享和部门协办 14. 分析评价税源部门、办税服务厅、社会协作单位在各税种申报中的职责，及时做好沟通协调工作

续表

	初级	中级	高级
申报纳税	15. 熟悉延期申报、延期缴纳税款业务的服务规范、在信息系统中的操作路径和模块，正确处理相关业务 16. 掌握误收退税、入库减免退税、结算退税等在信息系统中的操作模块和流程，能准确熟练办理业务 17. 熟悉申报错误更正在信息系统中的操作路径和模块，正确处理更正申报、作废申报、补充申报等相关业务 18. 落实申报纳税事项基本服务规范	15. 熟悉年终一次性奖金、提前退休、内部退养、股权激励、非货币性投资、股权转让等复杂业务的申报，并能向纳税人、扣缴义务人进行准确的政策解读 16. 熟悉无住所居民个人所得税申报内容，分析纳税人此类申报常见问题，并能正确处理 17. 熟悉纳税人多缴税款处理方法，在操作系统进行正确处理 18. 熟悉财产与行为税税源信息维护，能在信息系统中对财产与行为税税源信息进行准确变更 19. 熟悉各税种存在的关联关系，实时进行比对分析，查找存在的风险，并能正确处理 20. 熟悉各税费种申报异常情况，并按规定进行处理 21. 熟悉委托代征申报的前置业务处理流程，分析处理异常业务 22. 掌握延期申报、延期缴纳税款的受理范围、前置条件，准确把握业务风险点，核准相关申请 23. 掌握对纳税人变更纳税定额的核准要求，按规定实施业务办理 24. 运用数据信息比对，将退税信息与代开发票作废、红字发票开具、汇算清缴申报、进项税额留抵等数据进行分析比对，正确处理异常业务	15. 推进优化退税流程，提速退税办理，对持续优化退税流程提出相关建议 16. 掌握数据信息比对的工作要求，对纳税人申报信息及财务会计报表信息进行比对分析，综合评价纳税申报质量

必懂复习策略

　　本章主要内容包括申报纳税概述，增值税、消费税及附加税费申报，企业所得税申报，个人所得税申报，财产和行为税申报，社会保险费及非税收入申报，出口退抵税申报和申报相关服务。其中各类税费申报内容应重点掌握。

　　各类税费申报都应掌握申报期限、申报方式、征税范围、计税依据、税款计算及申报表填写等内容。还应重点掌握相关新政策及热点内容，如小微企业增值税免税政策申报、小型微利企业企业所得税申报、个人所得税汇算申报、出口退抵税申报等。

　　初级考生学习侧重点应为基础知识，如具体申报规定等；中级考生学习侧重点应为具体规定及相关问题处理等；高级考生学习侧重点应为各方面知识的综合运用和政策效应分析等。

必 会 核 心 知 识

■ 纳税期限遇最后一日是法定休假日的，以休假日期满的次日为期限的最后一日；在期限内有连续3日以上法定休假日的，按休假日天数顺延。

■ 在中华人民共和国境内销售货物或者加工、修理修配劳务，销售服务、无形资产、不动产以及进口货物的单位和个人，为增值税的纳税人。

■ 增值税征税项目：销售货物，提供加工、修理修配劳务，销售服务，销售无形资产，销售不动产，进口货物。

■ 增值税纳税人以1个月或者1个季度为1个纳税期的，自期满之日起15日内申报纳税。

■ 银行、财务公司、信托投资公司、信用社、财政部和国家税务总局规定的其他纳税人可选择按季申报增值税。

■ 增值税一般纳税人当月有增值税留抵税额，又存在欠税的，可办理增值税留抵抵欠业务；纳税人有多缴税金，又存在欠税，可办理抵缴欠税业务。

■ 自2023年1月1日至2023年12月31日，对月销售额10万元以下（含本数）的增值税小规模纳税人，免征增值税。适用增值税差额征税政策的小规模纳税人，以差额后的销售额确定是否可以享受上述免征增值税政策。《增值税及附加税费申报表（小规模纳税人适用）》中的"免税销售额"相关栏次，填写差额后的销售额。

■ 一般纳税人从事电影放映服务、仓储服务、装卸搬运服务、收派服务和文化体育服务可以选择适用简易计税方法计税，按照3%征收率计算缴纳增值税。

■ 一般纳税人以清包工方式提供的建筑服务、为甲供工程提供的建筑服务可以选择适用简易计税方法计税，按照3%征收率计算缴纳增值税。

■ 纳税人提供建筑服务适用简易计税方法的，以取得的全部价款和价外费用扣除支付的分包款后的余额为增值税销售额。

■ 增值税一般纳税人可以选择适用简易计税方法计税，但一经选择，

36 个月内不得变更。

■ 增值税中纳税人（不含其他个人）出租与机构所在地不在同一县（市）的不动产，应在取得租金的次月纳税申报期或不动产所在地主管税务机关核定的纳税期限预缴税款。

■ 增值税中纳税人提供租赁服务采取预收款方式的，其纳税义务发生时间为收到预收款的当天。

■ 纳税人提供建筑服务取得预收款，在收到预收款时，以取得的预收款扣除支付的分包款后的余额，按照规定的预征率预缴增值税。纳税人提供建筑服务取得预收款，适用增值税一般计税方法计税的项目预征率为 2%，适用简易计税方法计税的项目预征率为 3%。

■ 纳税人（不含其他个人）跨县（市）提供建筑服务：向建筑服务发生地主管税务机关预缴的增值税税款，可以在当期增值税应纳税额中抵减，抵减不完的，结转下期继续抵减。纳税人以预缴税款抵减应纳税额，应以完税凭证作为合法有效凭证。

■ 自 2023 年 1 月 1 日至 2023 年 12 月 31 日，增值税小规模纳税人适用 3% 征收率的应税销售收入，减按 1% 征收率征收增值税；适用 3% 预征率的预缴增值税项目，减按 1% 预征率预缴增值税。

■ 按照现行规定应当预缴增值税税款的小规模纳税人，凡在预缴地实现的月销售额未超过 10 万元的，当期无需预缴税款。在预缴地实现的月销售额超过 10 万元的，适用 3% 预征率的预缴增值税项目，减按 1% 预征率预缴增值税。

■ 自 2019 年 4 月 1 日起，试行增值税期末留抵税额退税制度。同时符合以下条件的纳税人，可以向主管税务机关申请退还增量留抵税额：（1）自 2019 年 4 月税款所属期起，连续六个月（按季纳税的，连续两个季度）增量留抵税额均大于零，且第六个月增量留抵税额不低于 50 万元；（2）纳税信用等级为 A 级或者 B 级；（3）申请退税前 36 个月未发生骗取留抵退税、出口退税或虚开增值税专用发票情形的；（4）申请退税前 36 个月未因偷税被税务机关处罚两次及以上的；（5）自 2019 年 4 月 1 日起未享受即征即退、先征后返（退）政策的。

■ 符合条件的纳税人当期允许退还的增量留抵税额＝增量留抵税额 ×

进项构成比例 ×60%。进项构成比例为 2019 年 4 月至申请退税前一税款所属期内已抵扣的增值税专用发票（含税控机动车销售统一发票）、海关进口增值税专用缴款书、解缴税款完税凭证注明的增值税额占同期全部已抵扣进项税额的比重。

■ 自 2021 年 4 月 1 日起，同时符合以下条件的先进制造业纳税人，可以自 2021 年 5 月及以后纳税申报期向主管税务机关申请退还增量留抵税额：（1）增量留抵税额大于零；（2）纳税信用等级为 A 级或者 B 级；（3）申请退税前 36 个月未发生骗取留抵退税、出口退税或虚开增值税专用发票情形；（4）申请退税前 36 个月未因偷税被税务机关处罚两次及以上；（5）自 2019 年 4 月 1 日起未享受即征即退、先征后返（退）政策。先进制造业纳税人当期允许退还的增量留抵税额＝增量留抵税额 × 进项构成比例。

■ 加大小微企业增值税期末留抵退税政策力度，将先进制造业按月全额退还增值税增量留抵税额政策范围扩大至符合条件的小微企业（含个体工商户，下同），并一次性退还小微企业存量留抵税额。（一）符合条件的小微企业，可以自 2022 年 4 月纳税申报期起向主管税务机关申请退还增量留抵税额。（二）符合条件的微型企业，可以自 2022 年 4 月纳税申报期起向主管税务机关申请一次性退还存量留抵税额；符合条件的小型企业，可以自 2022 年 5 月纳税申报期起向主管税务机关申请一次性退还存量留抵税额。

■ 加大"制造业"、"科学研究和技术服务业"、"电力、热力、燃气及水生产和供应业"、"软件和信息技术服务业"、"生态保护和环境治理业"和"交通运输、仓储和邮政业"（以下称制造业等行业）增值税期末留抵退税政策力度，将先进制造业按月全额退还增值税增量留抵税额政策范围扩大至符合条件的制造业等行业企业（含个体工商户，下同），并一次性退还制造业等行业企业存量留抵税额。（一）符合条件的制造业等行业企业，可以自 2022 年 4 月纳税申报期起向主管税务机关申请退还增量留抵税额。（二）符合条件的制造业等行业中型企业，可以自 2022 年 5 月纳税申报期起向主管税务机关申请一次性退还存量留抵税额（财政部 税务总局公告 2022 年第 14 号为 2022 年 7 月，财政部 税务总局公告 2022 年第 17 号调整提前至 2022 年 5 月）；符合条件的制造业等行业大型企业，可以自 2022 年 6 月纳税申报期起向主管税务机关申请一次性退还存量留抵税额（财政部 税务总局公告 2022 年第 14 号为 2022 年 10 月，财政部 税务总局公告 2022 年第 19 号调整提前至 2022 年 6 月）。

■ 适用《财政部 税务总局关于进一步加大增值税期末留抵退税政策实施力度的公告》（财政部 税务总局公告 2022 年第 14 号）政策的纳税人需同时符合以下条件：（一）纳税信用等级为 A 级或者 B 级；（二）申请退税前 36 个月未发生骗取留抵退税、骗取出口退税或虚开增值税专用发票情形；（三）申请退税前 36 个月未因偷税被税务机关处罚两次及以上；（四）2019 年 4 月 1 日起未享受即征即退、先征后返（退）政策。

■ 《财政部 税务总局关于进一步加大增值税期末留抵退税政策实施力度的公告》（财政部 税务总局公告 2022 年第 14 号）所称增量留抵税额，区分以下情形确定：（一）纳税人获得一次性存量留抵退税前，增量留抵税额为当期期末留抵税额与 2019 年 3 月 31 日相比新增加的留抵税额。（二）纳税人获得一次性存量留抵退税后，增量留抵税额为当期期末留抵税额。

■ 《财政部 税务总局关于进一步加大增值税期末留抵退税政策实施力度的公告》（财政部 税务总局公告 2022 年第 14 号）所称存量留抵税额，区分以下情形确定：（一）纳税人获得一次性存量留抵退税前，当期期末留抵税额大于或等于 2019 年 3 月 31 日期末留抵税额的，存量留抵税额为 2019 年 3 月 31 日期末留抵税额；当期期末留抵税额小于 2019 年 3 月 31 日期末留抵税额的，存量留抵税额为当期期末留抵税额。（二）纳税人获得一次性存量留抵退税后，存量留抵税额为零。

■ 适用《财政部 税务总局关于进一步加大增值税期末留抵退税政策实施力度的公告》（财政部 税务总局公告 2022 年第 14 号）政策的纳税人，按照以下公式计算允许退还的留抵税额：允许退还的增量留抵税额 = 增量留抵税额 × 进项构成比例 ×100%；允许退还的存量留抵税额 = 存量留抵税额 × 进项构成比例 ×100%。进项构成比例为 2019 年 4 月至申请退税前一税款所属期已抵扣的增值税专用发票（含带有"增值税专用发票"字样全面数字化的电子发票、税控机动车销售统一发票）、收费公路通行费增值税电子普通发票、海关进口增值税专用缴款书、解缴税款完税凭证注明的增值税额占同期全部已抵扣进项税额的比重。

■ 扩大全额退还增值税留抵税额政策行业范围，将《财政部 税务总局关于进一步加大增值税期末留抵退税政策实施力度的公告》（财政部 税务总局公告 2022 年第 14 号，以下称 2022 年第 14 号公告）第二条规定的制造业等行业按月全额退还增值税增量留抵税额、一次性退还存量留抵税额的政策范围，扩大至"批发和零售业"、"农、林、牧、渔业"、"住宿和餐饮业"、"居民服务、修理和其他服务业"、"教育"、"卫生和社会工作"和"文化、体育和娱乐业"（以下称批发零售业等行业）企业（含个体工商户，下同）。（一）符合条件的批发零售业等行业企业，可以自 2022 年 7 月纳税申报期起向主管税务机关申请退还增量留抵税额。（二）符合条件的批发零售业等行业企业，可以自 2022 年 7 月纳税申报期起向主管税务机关申请一次性退还存量留抵税额。

■ 自 2021 年 8 月 1 日起，增值税、消费税分别与城市维护建设税、教育费附加、地方教育附加申报表整合，启用《增值税及附加税费申报表（一般纳税人适用）》、《增值税及附加税费申报表（小规模纳税人适用）》、《增值税及附加税费预缴表》及其附列资料和《消费税及附加税费申报表》。

■ 新启用的《增值税及附加税费申报表（一般纳税人适用）》及其附列资料，主要变化有三个方面：一是在原《增值税纳税申报表（一般纳税人适用）》主表增加第 39 栏至第 41 栏"附加税费"栏次，并将表名调整为《增值税及附加税费申报表（一般纳税人适用）》。二是将原《增值税纳税申报表附列资料（二）》（本期进项税额明细）第 23 栏"其他应作进项税额转出的情形"拆分为第 23a 栏"异常凭证转出进项税额"和第 23b 栏"其他应作进项税额转出的情形"，并将表名调整为《增值税及附加税费申报表附列资料（二）》（本期进项税额明细）。其中第 23a 栏专门用于填报异常增值税扣税凭证转出情况，第 23b 栏填报原第 23 栏内容。三是增加《增值税及附加税费申报表附列资料（五）》（附加税费情况表）。

■ 在中华人民共和国境内生产、委托加工和进口规定消费品的单位和个人，以及国务院确定的销售规定消费品的其他单位和个人，为消费税的纳税人。

■ 消费税的征税范围包括：烟、酒、高档化妆品、贵重首饰及珠宝玉石、鞭炮焰火、成品油、摩托车、小汽车、高尔夫球及球具、高档手表、游艇、木制一次性筷子、实木地板、电池、涂料。

■ 消费税实行从价定率、从量定额，或者从价定率和从量定额复合计税（以下简称复合计税）的办法计算应纳税额。

■ 自税款所属期2018年3月起，成品油消费税纳税人申报的某一类成品油销售数量，应大于或等于开具的该同一类成品油发票所载明的数量；申报扣除的成品油数量，应小于或等于取得的扣除凭证载明数量。

■ 纳税人应当建立《电池、涂料税款抵扣台账》，作为申报扣除委托加工收回应税消费品已纳消费税税款的备查资料。

■ 城建税以纳税人依法实际缴纳的增值税、消费税税额为计税依据。

■ 城建税计税依据中依法实际缴纳的增值税税额，是指纳税人依照增值税相关法律法规和税收政策规定计算应当缴纳的增值税税额，加上增值税免抵税额，扣除直接减免的增值税税额和期末留抵退税退还的增值税税额（简称留抵退税额）后的金额。依法实际缴纳的消费税税额，是指纳税人依照消费税相关法律法规和税收政策规定计算应当缴纳的消费税税额，扣除直接减免的消费税税额后的金额。

■ 城建税计税依据中应当缴纳的两税税额，不含因进口货物或境外单位和个人向境内销售劳务、服务、无形资产缴纳的两税税额。

■ 教育费附加、地方教育附加计征依据与城市维护建设税计税依据一致。

■ 自2019年1月1日起，纳入产教融合型企业建设培育范围的试点企业，兴办职业教育的投资符合规定条件的，可按投资额的30%抵免该企业当年应缴教育费附加和地方教育附加。

■ 在中华人民共和国境内，企业和其他取得收入的组织（以下统称企业）为企业所得税的纳税人。企业分为居民企业和非居民企业。

■ 居民企业，是指依法在中国境内成立，或者依照外国（地区）法律成立但实际管理机构在中国境内的企业。非居民企业，是指依照外国（地区）法律成立且实际管理机构不在中国境内，但在中国境内设立机构、场所的，或者在中国境内未设立机构、场所，但有来源于中国境内所得的企业。

■ 企业每一纳税年度的收入总额，减除不征税收入、免税收入、各项扣除以及允许弥补的以前年度亏损后的余额，为应纳税所得额。

■ 实行查账征收方式申报企业所得税的居民企业（包括境外注册中资控

股居民企业）应当在纳税年度终了之日起 5 个月内进行年度纳税申报。在年度中间终止经营活动的应当在实际终止经营之日起 60 日内，进行企业所得税年度纳税申报。

■　实行核定定额征收企业所得税的纳税人不进行汇算清缴。

■　纳税人应按照月度或者季度的实际利润额预缴企业所得税。也可以按照上一纳税年度应纳税所得额的月度或者季度平均额预缴，或者按照经税务机关认可的其他方法预缴。

■　实行查账征收的居民企业和在中国境内设立机构、场所并据实申报缴纳企业所得税的非居民企业，向税务机关报送年度企业所得税纳税申报表时，应当就其与关联方之间的业务往来进行关联申报。

■　境外注册中资控股居民企业需要申报办理注销税务登记的，应在注销税务登记前，就其清算所得向主管税务机关申报缴纳企业所得税。

■　企业应当在办理注销登记之前，就其清算所得向主管税务机关申报并依法缴纳企业所得税。进入清算期的企业应对清算事项，报主管税务机关备案。

■　自 2021 年 1 月 1 日至 2022 年 12 月 31 日，对小型微利企业年应纳税所得额不超过 100 万元的部分，减按 12.5% 计入应纳税所得额，按 20% 的税率缴纳企业所得税。自 2022 年 1 月 1 日至 2024 年 12 月 31 日，对小型微利企业年应纳税所得额超过 100 万元但不超过 300 万元的部分，减按 25% 计入应纳税所得额，按 20% 的税率缴纳企业所得税。自 2023 年 1 月 1 日起至 2027 年 12 月 31 日，对小型微利企业减按 25% 计算应纳税所得额，按 20% 的税率缴纳企业所得税。小型微利企业，是指从事国家非限制和禁止行业，且同时符合年度应纳税所得额不超过 300 万元、从业人数不超过 300 人、资产总额不超过 5000 万元等三个条件的企业。

■　小型微利企业免于填报《一般企业收入明细表》（A101010）、《金融企业收入明细表》（A101020）、《一般企业成本支出明细表》（A102010）、《金融企业支出明细表》（A102020）、《事业单位、民间非营利组织收入、支出明细表》（A103000）、《期间费用明细表》（A104000）。上述表单相关数据应当在《中华人民共和国企业所得税年度纳税申报表（A 类）》（A100000）中直接填写。

■ 自 2022 年 1 月 1 日起，企业 10 月份预缴申报第 3 季度（按季预缴）或 9 月份（按月预缴）企业所得税时，可以自主选择就当年前三季度研发费用享受加计扣除优惠政策。对 10 月份预缴申报期未选择享受研发费用加计扣除优惠政策的，可以在办理当年度企业所得税汇算清缴时统一享受。

■ 我国个人所得税法依据住所和居住时间两个标准，将个人纳税人区分为居民个人和非居民个人。居民个人是指在中国境内有住所，或者无住所而一个纳税年度内在中国境内居住累计满一百八十三天的个人。非居民个人是指在中国境内无住所又不居住，或者无住所而一个纳税年度内在中国境内居住累计不满一百八十三天的个人。

■ 扣缴义务人向居民个人支付工资、薪金所得时，应当按照累计预扣法计算预扣税款，并按月办理扣缴申报。本期应预扣预缴税额＝（累计预扣预缴应纳税所得额 × 预扣率 - 速算扣除数）- 累计减免税额 - 累计已预扣预缴税额。累计预扣预缴应纳税所得额＝累计收入 - 累计免税收入 - 累计减除费用 - 累计专项扣除 - 累计专项附加扣除 - 累计依法确定的其他扣除。

■ 对一个纳税年度内首次取得工资、薪金所得的居民个人，扣缴义务人在预扣预缴个人所得税时，可按照 5000 元 / 月乘以纳税人当年截至本月月份数计算累计减除费用。首次取得工资、薪金所得的居民个人，是指自纳税年度首月起至新入职时，未取得工资、薪金所得或者未按照累计预扣法预扣预缴过连续性劳务报酬所得个人所得税的居民个人。

■ 正在接受全日制学历教育的学生因实习取得劳务报酬所得的，扣缴义务人预扣预缴个人所得税时，可按照规定的累计预扣法计算并预扣预缴税款。

■ 2021 年 1 月 1 日起，对上一完整纳税年度内每月均在同一单位预扣预缴工资、薪金所得个人所得税且全年工资、薪金收入不超过 6 万元的居民个人，扣缴义务人在预扣预缴本年度工资、薪金所得个人所得税时，累计减除费用自 1 月份起直接按照全年 6 万元计算扣除。即在纳税人累计收入不超过 6 万元的月份，暂不预扣预缴个人所得税；在其累计收入超过 6 万元的当月及年内后续月份，再预扣预缴个人所得税。

■ 个人所得税汇算应退或应补税额＝［（综合所得收入额 -60000 元 - "三险一金"等专项扣除 - 子女教育等专项附加扣除 - 依法确定的其他

扣除－捐赠）×适用税率－速算扣除数］－已预缴税额

■ 纳税人在 2022 年已依法预缴个人所得税且符合下列情形之一的，无需办理汇算：（一）汇算需补税但综合所得收入全年不超过 12 万元的；（二）汇算需补税金额不超过 400 元的；（三）已预缴税额与汇算应纳税额一致的；（四）符合汇算退税条件但不申请退税的。

■ 符合下列情形之一的，纳税人需办理 2022 年度汇算：（一）已预缴税额大于汇算应纳税额且申请退税的；（二）2022 年取得的综合所得收入超过 12 万元且汇算需要补税金额超过 400 元的。因适用所得项目错误或者扣缴义务人未依法履行扣缴义务，造成 2022 年少申报或者未申报综合所得的，纳税人应当依法据实办理汇算。

■ 为便利纳税人，税务机关为纳税人提供高效、快捷的网络办税渠道。纳税人可优先通过手机个人所得税 APP、自然人电子税务局网站办理汇算，税务机关将为纳税人提供申报表项目预填服务；不方便通过上述方式办理的，也可以通过邮寄方式或到办税服务厅办理。

■ 个人所得税纳税人、代办年度汇算的单位，需各自将年度汇算申报表以及纳税人综合所得收入、扣除、已缴税额或税收优惠等相关资料，自年度汇算期结束之日起留存 5 年。

■ 个人所得税纳税人自行办理或受托人为纳税人代为办理年度汇算的，向纳税人任职受雇单位的主管税务机关申报；有两处及以上任职受雇单位的，可自主选择向其中一处申报。纳税人没有任职受雇单位的，向其户籍所在地、经常居住地或者主要收入来源地的主管税务机关申报。主要收入来源地，是指汇算所属年度向纳税人累计发放劳务报酬、稿酬及特许权使用费金额最大的扣缴义务人所在地。

■ 自 2022 年 1 月 1 日起，纳税人照护 3 岁以下婴幼儿子女的相关支出，按照每个婴幼儿每月 1000 元的标准定额扣除。自 2023 年 1 月 1 日起，3 岁以下婴幼儿照护专项附加扣除标准，由每个婴幼儿每月 1000 元提高到 2000 元。父母可以选择由其中一方按扣除标准的 100% 扣除，也可以选择由双方分别按扣除标准的 50% 扣除，具体扣除方式在一个纳税年度内不能变更。

■ 自 2023 年 1 月 1 日起，子女教育专项附加扣除标准，由每个子女每月 1000 元提高到 2000 元。自 2023 年 1 月 1 日起，赡养老人专项附加扣除标准，由每月 2000 元提高到 3000 元。其中，独生子女按照每月 3000 元的标准定额扣除；非独生子女与兄弟姐妹分摊每月 3000 元的扣除额度，每人分摊的额度不能超过每月 1500 元。

■ 经营所得适用五级超额累进税率，税率为 5%—35%。

■ 自 2023 年 1 月 1 日至 2027 年 12 月 31 日，对个体工商户年应纳税所得额不超过 200 万元的部分，减半征收个人所得税。个体工商户在享受现行其他个人所得税优惠政策的基础上，可叠加享受本条优惠政策。

■ 对个体工商户、个人独资企业、合伙企业和个人，代开货物运输业增值税发票时，不再预征个人所得税。个体工商户业主、个人独资企业投资者、合伙企业个人合伙人和其他从事货物运输经营活动的个人，应依法自行申报缴纳经营所得个人所得税。

■ 纳税人取得经营所得，按年计算个人所得税，由纳税人在月度或季度终了后 15 日内，向经营管理所在地主管税务机关办理预缴纳税申报，并报送《个人所得税经营所得纳税申报表（a 表）》。取得所得的次年 3 月前，向经营管理所在地主管税务机关办理汇算清缴，并报送《个人所得税经营所得纳税申报表（b 表）》。

■ 纳税人从两处以上取得经营所得的，选择向其中一处经营管理所在地主管税务机关办理年度汇总申报，并报送《个人所得税经营所得纳税申报表（c 表）》。

■ 个人所得税中的财产租赁所得，每次收入不超过 4000 元的，减除费用 800 元；4000 元以上的，减除 20% 的费用，其余额为应纳税所得额。

■ 个人所得税中的财产转让所得，按照一次转让财产的收入额减除财产原值和合理费用后的余额计算纳税。

■ 自 2010 年 1 月 1 日起，对个人转让限售股取得的所得，按照"财产转让所得"，适用 20% 的税率征收个人所得税。

■ 个人所得税中的利息、股息、红利所得和偶然所得，以每次收入额为应纳税所得额。

■ 个人所得税以向个人支付所得的单位或者个人为扣缴义务人。居民个人取得综合所得，按年计算个人所得税；有扣缴义务人的，由扣缴义务人按月或者按次预扣预缴税款。扣缴义务人每月或者每次预扣、代扣的税款，应当在次月 15 日内填报《个人所得税扣缴申报表》及其他相关资料，向税务机关纳税申报并缴入国库。

■ 扣缴义务人向居民个人支付利息、股息、红利所得，财产租赁所得，财产转让所得或者偶然所得时，应当按月或按次代扣代缴个人所得税，在次月 15 日填报《个人所得税扣缴申报表》及其他相关资料，向主管税务机关纳税申报。

■ 在中华人民共和国境内购置汽车、有轨电车、汽车挂车、排气量超过一百五十毫升的摩托车的单位和个人，为车购税纳税人，纳税人自纳税义务发生之日起 60 日内办理车购税申报。

■ 车辆购置税的纳税义务发生时间为纳税人购置应税车辆的当日。购买自用应税车辆的为购买之日，即车辆相关价格凭证的开具日期。

■ 进口自用应税车辆的为进口之日，车辆购置税的纳税义务发生时间为《海关进口增值税专用缴款书》或者其他有效凭证的开具日期。

■ 自产、受赠、获奖或者以其他方式取得并自用应税车辆的为取得之日，车辆购置税的纳税义务发生时间为合同、法律文书或者其他有效凭证的生效或者开具日期。

■ 在城市、县城、建制镇、工矿区范围内使用土地的单位和个人应依照规定，向税务机关进行纳税申报缴纳城镇土地使用税。

■ 土地增值税纳税人转让房地产坐落在两个或两个以上地区的，应按房地产所在地分别申报纳税。

■ 纳税人符合下列条件之一的，应进行土地增值税的清算：房地产开发项目全部竣工、完成销售的；整体转让未竣工决算房地产开发项目的；直接转让土地使用权的。

■ 对于符合应进行土地增值税清算条件的项目，纳税人应当在满足条件之日起 90 日内到主管税务机关办理清算手续。

■ 纳税人在项目全部竣工结算前转让房地产取得的收入，应按照各省税务机关规定的纳税期限，预征缴纳土地增值税。

■ 符合下列情形之一的，主管税务机关可要求纳税人进行土地增值税清算：（1）已竣工验收的房地产开发项目，已转让的房地产建筑面积占整个项目可售建筑面积的比例在 85% 以上，或该比例虽未超过 85%，但剩余的可售建筑面积已经出租或自用的；（2）取得销售（预售）许可证满三年仍未销售完毕的；（3）纳税人申请注销税务登记但未办理土地增值税清算手续的。

■ 对符合可要求纳税人进行土地增值税清算的项目，由主管税务机关确定是否进行清算。

■ 土地增值税中对于确定需要进行清算的项目，由主管税务机关下达清算通知，纳税人应当在收到清算通知之日起 90 日内办理清算手续。

■ 对经审核需要补缴土地增值税的，由纳税人通过申报错误更正环节进行更正申报并补缴税款；对需要退还土地增值税的，由纳税人更正申报后办理多缴税款的退还。

■ 在土地增值税清算时未转让的房地产，清算后销售或有偿转让的，扣除项目金额按清算时的单位建筑面积成本费用乘以销售或转让面积计算。

■ 纳税人应当自转让房地产合同签订之日起 7 日内向房地产所在地主管税务机关办理纳税申报，并在税务机关核定的期限内缴纳土地增值税。

■ 未经批准占用应税土地的，耕地占用税纳税义务发生时间为自然资源主管部门认定的纳税人实际占用耕地的当日。

■ 经批准占用应税土地的，耕地占用税纳税义务发生时间为纳税人收到自然资源主管部门办理占用耕地手续的书面通知的当日。

■ 占用耕地建设农田水利设施的，占用园地、林地、草地、农田水利用地、养殖水面、渔业水域滩涂以及其他农用地建设直接为农业生产服务的生产设施，不缴纳耕地占用税。

■ 印花税的计税依据如下：（一）应税合同的计税依据，为合同所列的金额，不包括列明的增值税税款；（二）应税产权转移书据的计税依据，为产权转移书据所列的金额，不包括列明的增值税税款；（三）应税营业账簿的计税依据，为账簿记载的实收资本（股本）、资本公积合计金额；（四）证券交易的计税依据，为成交金额。

■ 职工应当参加基本养老保险，由用人单位和职工共同缴纳基本养老保险费。无雇工的个体工商户、未在用人单位参加基本养老保险的非全日制从业人员以及其他灵活就业人员可以参加基本养老保险，由个人缴纳基本养老保险费。

■ 基本养老金由统筹养老金和个人账户养老金组成。基本养老金根据个人累计缴费年限、缴费工资、当地职工平均工资、个人账户金额、城镇人口平均预期寿命等因素确定。

■ 从2019年5月1日起，企业职工基本养老保险用人单位的缴费比例可以降到16%。

■ 企业基本养老保险用人单位的缴费基数为国家规定的本单位企业职工的工资总额，企业职工个人缴费基数为本人工资收入，原则以本人上年度月平均工资为基础，在本省全口径城镇单位就业人员平均工资的60%—300%范围内进行核定。

■ 自2021年1月1日起，将水土保持补偿费、地方水库移民扶持基金、排污权出让收入、防空地下室易地建设费划转至税务部门征收。自2021年7月1日起，将自然资源部门负责征收的土地闲置费、住房城乡建设等部门负责征收的按行政事业性收费管理的城镇垃圾处理费划转至税务部门征收。

■ 水土保持补偿费自2021年1月1日起，由缴费人向税务部门自行申报缴纳。按次缴纳的，应于项目开工前或建设活动开始前缴纳水土保持补偿费。按期缴纳的，在期满之日起15日内申报缴纳水土保持补偿费。

■ 2020年1月1日起，将残保金由单一标准征收调整为分档征收，用人单位安排残疾人就业比例1%（含）以上但低于本省（区、市）规定比例的，三年内按应缴费额的50%征收；1%以下的，三年内按应缴费额的90%征收。

■ 出口退（免）税企业备案信息报告事项是指享受出口退（免）税政策的出口企业，在申报出口退（免）税前向主管税务机关申请办理出口退（免）税企业备案以及后续的备案变更、备案撤回事项。具体包括：出口退（免）税备案、生产企业委托代办退税备案、外贸综合服务企业代办退税备案。

■ 纳税人出口货物劳务、发生跨境应税行为，未在规定期限内申报出口退（免）税或者开具《代理出口货物证明》的，在收齐退（免）税凭证及相关电子信息后，即可申报办理出口退（免）税；未在规定期限内收汇或者办理不能收汇手续的，在收汇或者办理不能收汇手续后，即可申报办理退（免）税。

■ 纳税人因申报出口退（免）税的出口报关单、代理出口货物证明、委托出口货物证明、增值税进货凭证没有电子信息或凭证内容与电子信息不符，无法在规定期限内申报出口退（免）税或者开具《代理出口货物证明》的，取消出口退（免）税凭证无相关电子信息申报，停止报送《出口退（免）税凭证无相关电子信息申报表》。待收齐退（免）税凭证及相关电子信息后，即可申报办理退（免）税。

■ 纳税人因未收齐出口退（免）税相关单证，无法在规定期限内申报出口退（免）税或者开具《代理出口货物证明》的，取消出口退（免）税延期申报，停止报送《出口退（免）税延期申报申请表》及相关举证资料。待收齐退（免）税凭证及相关电子信息后，即可申报办理退（免）税。

■ 纳税人办理出口退（免）税备案时，停止报送《对外贸易经营者备案登记表》《中华人民共和国外商投资企业批准证书》《中华人民共和国海关报关单位注册登记证书》。生产企业办理增值税免抵退税申报时，报送简并优化后的《免抵退税申报汇总表》和《生产企业出口货物劳务免抵退税申报明细表》，停止报送《免抵退税申报汇总表附表》《免抵退税申报资料情况表》《生产企业出口货物扣除国内免税原材料申请表》；办理消费税退税申报时，报送简并优化后的《生产企业出口非自产货物消费税退税申报表》。

■ 企业应在货物报关出口之日次月起至次年 4 月 30 日前的各增值税纳税申报期内收齐有关凭证，向主管税务机关申报办理出口货物增值税免抵退税及消费税退税。

■ 企业应在货物报关出口之日次月起至次年 4 月 30 日前的各增值税纳税申报期内，收齐有关凭证，向主管税务机关办理出口货物增值税、消费税免退税申报，经主管税务机关批准的，企业在增值税纳税申报期以外的其他时间也可办理免退税申报。

■ 出口货物劳务的出口日期，按以下原则确定：属于向海关报关出口的货物劳务，以出口货物报关单信息上注明的出口日期为准；属于非报关出口销售的货物以出口发票或普通发票的开具时间为准；属于保税区内出口企业或其他单位出口的货物以及经保税区出口的货物，以货物离境时海关出具的出境货物备案清单上注明的出口日期为准。

■ 实行简易申报的定期定额户，应当在税务机关规定的期限内按照法律、行政法规规定，通过财税库银电子缴税系统批量扣税或委托银行扣缴核定税款的，当期（指纳税期）可不办理申报手续，实行以缴代报。

■ 对实行简并征期的定期定额户，其按照定额所应缴纳的税款在规定的期限内申报纳税不加收滞纳金。

■ 单位和个体工商户（不含其他个人）发生二手房交易，在房产所在地主管税务机关缴纳完毕后，应向注册地主管税务机关履行纳税申报义务，申报其二手房交易销售额并扣减已缴税额。

■ 对实行增值税期末留抵退税的纳税人，允许其从城市维护建设税、教育费附加和地方教育附加的计税（征）依据中扣除退还的增值税税额。

■ 纳税人、扣缴义务人因不可抗力或其他原因在规定期限内办理纳税申报或报送代扣代缴、代收代缴税款报告表确有困难需要延期的，应当在申请延期的申报期限之内向税务机关提出书面延期申请，经税务机关核准，可以延期申报。但应当在不可抗力的情形消除后立即向税务机关报告。经核准延期办理前款规定的申报、报送事项的，应当在纳税期内按照上期实际缴纳的税额或者税务机关核定的税额预缴税款，并在核准的延期内办理税款结算。预缴税额大于实际应纳税额的，税务机关结算退税但不向纳税人计退利息，预缴税额小于应纳税额的，在结算补税时不加收滞纳金。

■ 纳税人因有特殊困难，不能按期缴纳税款的，经省、自治区、直辖市、计划单列市税务局批准，可以延期缴纳税款，但是最长不得超过三个月。纳税人有下列情形之一的，属于特殊困难：（1）因不可抗力，导致纳税人发生较大损失，正常生产经营活动受到较大影响的；（2）当期货币资金在扣除应付职工工资、社会保险费后，不足以缴纳税款的。纳税人需要延期缴纳税款的，应当在缴纳税款期限届满前提出申请，税务机关作出不予行政许可决定的，从缴纳税款期限届满之日起加收滞纳金。

■ 纳税人自结算缴纳税款之日起三年内发现多缴税款的，可以向税务机关要求退还多缴的税款并加算银行同期存款利息。税务机关发现纳税人超过应纳税额多缴的税款，应该依照税收法律法规及相关规定办理退还手续。退税利息按照税务机关办理退税手续当天中国人民银行规定的活期存款利率计算。除出口退税以外，纳税人既有应退税款又有欠缴税款的，税务机关可以将纳税人的应退税款和利息先抵扣欠缴的税款；抵扣后有余额的，纳税人可以申请办理应退余额的退库。多贴印花税票的，不得申请退税或者抵用。

■ 纳税人符合政策规定可以享受减免的税款，如已经缴纳入库，可以申请退（抵）已缴纳的税款。以下情形也属于入库减免退抵税：（1）增值税小规模纳税人月销售额不超过10万元（按季纳税30万元）的，当期因代开增值税专用发票已经缴纳的税款，在专用发票全部联次追回或者按规定开具红字专用发票后，可以向主管税务机关申请退还；（2）增值税即征即退，按税法规定缴纳的税款，由税务机关征收入库后，再由税务机关按规定的程序给予部分或全部退还已纳税款；（3）非居民纳税人可享受但未享受协定待遇，可以申请退还多缴税款的情况；（4）其他减免税政策发布时间滞后于执行时间已入库税款的退税，也属于减免退税。

■ 实行分期预缴、按期汇算结算的纳税人，在清算过程中形成的多缴税款，可以向税务机关申请办理退抵税费。以下业务也属于汇算清缴结算多缴退抵税：（1）"营改增"试点纳税人提供应税服务，按照国家有关营业税政策规定差额征收营业税的，因取得的全部价款和价外费用不足以抵减允许扣除项目金额，截至本地区试点实施之日尚未扣除的部分，不得在计算试点纳税人本地区试点实施之日后的销售额时予以抵减，应当向原主管地税机关申请退还营业税；（2）土地增值税清算原因导致多缴企业所得税的退税；（3）对房产税、城镇土地税税源信息修改，以及增值税、消费税申报税款小于预缴税款，导致发生多缴税款；（4）纳税人在批准临时占用耕地的期限内恢复所占耕地原状的，全额退还已缴纳的耕地占用税。

■ 纳税人、缴费人、扣缴义务人办理纳税申报后，发现申报表存在错误，完成修改更正或作废。申报错误更正时（除个人所得税）只能全量更正或者申报作废，不允许差额更正或补充申报。

■ 2018年12月（含）以前，个人所得税申报错误更正在"金税三期税收管理系统—申报错误更正（个税）（2018）"模块受理，2019年1月到7月，在"金税三期税收管理系统—申报错误更正（ITS扣缴申报）"模块受理，2019年8月（含）以后在"自然人电子税务局税务端—申报—申报更正（ITS）"模块受理。

■ 作废申报表只能在对应申报当期的申报期限之内，且未开具完税凭证或划缴税款的情况下进行，否则不能作废申报表，只能对已申报的申报表进行更正处理。

■ 个人所得税允许增量更正和部分更正：（1）如纳税人已完成年度申报，不允许更正预缴申报；（2）年度综合所得申报中有上年度的结转时，如更正上年度的综合所得年度申报，应提醒纳税人一并更正本年年度综合所得申报；（3）同一扣缴义务人连续性综合所得已有下期预缴申报的，可采用部分、增量更正方式进行更正，更正时需采集扣缴义务人更正申报的原因等信息，如年中更正预缴的，也需连带更正后期的预缴申报，并作相应更正的提示信息，对未进行后期更正的，不允许进行正常预缴申报，对更正涉及的纳税人，在更正完成后通知相应的纳税人更正的情况；（4）限售股已进行清算时，不能更正该人的限售股的扣缴申报。

■ 社保费申报错误需要更正时，在满足条件的情况下，可以通过作废原申报表，重新申报。针对企业申报后的是否已开票或入库的不同情况，能否作废的规定如下：（1）当月已申报未开票未入库的，可以作废申报；（2）当月已申报已开票未入库的，应当作废已开票信息，再进行作废申报；（3）当月已申报已开票已入库的，不可以作废申报，可以补充申报。

■ 契税纳税人依法纳税申报时，应填报《财产和行为税税源明细表》（《契税税源明细表》部分），并根据具体情形提交下列资料：（1）纳税人身份证件；（2）土地、房屋权属转移合同或其他具有土地、房屋权属转移合同性质的凭证；（3）交付经济利益方式转移土地、房屋权属的，提交土地、房屋权属转移相关价款支付凭证，其中，土地使用权出让为财政票据，土地使用权出售、互换和房屋买卖、互换为增值税发票；（4）因人民法院、仲裁委员会的生效法律文书或者监察机关出具的监察文书等因素发生土地、房屋权属转移的，提交生效法律文书或监察文书等。符合减免税条件的，应按规定附送有关资料或将资料留存备查。

■ 纳税人依照《契税法》以及财政部、国家税务总局公告 2021 年第 23 号规定向税务机关申请退还已缴纳契税的，应提供纳税人身份证件，完税凭证复印件，并根据不同情形提交相关资料：（1）在依法办理土地、房屋权属登记前，权属转移合同或合同性质凭证不生效、无效、被撤销或者被解除的，提交合同或合同性质凭证不生效、无效、被撤销或者被解除的证明材料；（2）因人民法院判决或者仲裁委员会裁决导致土地、房屋权属转移行为无效、被撤销或者被解除，且土地、房屋权属变更至原权利人的，提交人民法院、仲裁委员会的生效法律文书；（3）在出让土地使用权交付时，因容积率调整或实际交付面积小于合同约定面积需退还土地出让价款的，提交补充合同（协议）和退款凭证；（4）在新建商品房交付时，因实际交付面积小于合同约定面积需返还房价款的，提交补充合同（协议）和退款凭证。

■ 税务机关收取纳税人申请退还契税资料后，应向不动产登记机构核实有关土地、房屋权属登记情况。核实后符合条件的即时受理，不符合条件的一次性告知应补正资料或不予受理原因。

■ 购买新建商品房的纳税人，因销售新建商品房的房地产开发企业已办理注销税务登记或者被税务机关列为非正常户等原因不能取得销售不动产发票的，可在税务机关核实有关情况后办理契税纳税申报。

■ 纳税人申报缴纳城镇土地使用税、房产税、车船税、印花税、耕地占用税、资源税、土地增值税、契税、环境保护税、烟叶税中一个或多个税种时，使用《财产和行为税纳税申报表》。纳税人新增税源或税源变化时，需先填报《财产和行为税税源明细表》。

■ 已缴纳车辆购置税的车辆，发生车辆退回生产企业或者经销商的，符合免税条件但已征税的设有固定装置的非运输车辆，以及其他依据法律法规规定应予退税情形的，纳税人向税务机关申请退还已缴纳的车辆购置税。

■ 已征车辆购置税的车辆退回车辆生产或销售企业，纳税人申请退还车辆购置税的，应退税额计算公式如下：应退税额 = 已纳税额 × (1– 使用年限 × 10%)，使用年限的计算方法是自纳税人缴纳税款之日起，至申请退税之日止。

■ 已经缴纳车船税的车船，因质量原因被退回生产企业或者经销商的，纳税人可以向税务机关申请退还自退货月份起至该纳税年度终了期间的税款。在一个纳税年度内，已完税的车船被盗抢、报废、灭失的，纳税人可以凭有关管理机关出具的证明和完税证明，向纳税所在地的主管税务机关申请退还自被盗抢、报废、灭失月份起至该纳税年度终了期间的税款。

■ 在人民法院裁定受理破产申请之日至企业注销之日期间，破产企业应当接受税务机关的税务管理，履行税法规定的相关义务。

■ 人民法院裁定受理破产申请的，其指定的管理人可持人民法院受理破产申请裁定书、指定管理人决定书以及经办人身份证明、管理人授权委托书，以破产企业名义到主管税务机关办理相关涉税事宜。

■ 破产企业管理人应当自裁定受理破产申请之日起 25 日内，书面通知已知的主管税务机关申报税收债权。管理人无法确定主管税务机关的，可以书面通知设区市级税务机关，由设区市级税务机关协助通知主管税务机关。

■ 主管税务机关应当在人民法院确定的债权申报期内向管理人申报破产企业所欠税款（含教育费附加、地方教育附加，下同）、滞纳金及罚款。因特别纳税调整产生的利息、由税务机关征收的社会保险费及非税收入，也应一并申报。

■ 破产企业所欠税款、滞纳金、罚款，以及因特别纳税调整产生的利息、由税务机关征收的非税收入，以人民法院裁定受理破产申请之日为截止日计算确定。未在债权申报期内申报的，可以在破产财产最后分配前补充申报。

必考点检测训练

一、单选

1. 下列关于纳税申报的表述有误的是：（　　）。
   A. 增值税纳税人以 1 个月或者 1 个季度为 1 个纳税期的，自期满之日起 15 日内申报纳税
   B. 纳税期限遇最后一日是法定休假日的，以休假日期满的次日为期限的最后 1 日
   C. 在纳税期限内有连续 5 日以上法定休假日的，按休假日天数顺延
   D. 银行、财务公司、信托投资公司、信用社、财政部和国家税务总局规定的其他纳税人可选择按季申报增值税

   参考答案：C

2. 下列关于增值税的表述有误的是：（　　）。
   A. 增值税一般纳税人当月有增值税留抵税额，又存在欠税的，可办理增值税留抵抵欠业务；纳税人有多缴税金，又存在欠税，可办

理抵缴欠税业务

    B. 自 2023 年 1 月 1 日至 2023 年 12 月 31 日，对月销售额 15 万元以下（含本数）的增值税小规模纳税人，免征增值税

    C. 适用增值税差额征税政策的小规模纳税人，以差额后的销售额确定是否可以享受上述免征增值税政策

    D. 增值税中纳税人（不含其他个人）出租与机构所在地不在同一县（市）的不动产，应在取得租金的次月纳税申报期或不动产所在地主管税务机关核定的纳税期限预缴税款

参考答案：B

3. 下列关于增值税的表述有误的是：（　　）。

    A. 增值税中纳税人提供租赁服务采取预收款方式的，其纳税义务发生时间为收到预收款的当天

    B. 纳税人提供建筑服务取得预收款，在收到预收款时，以取得的预收款扣除支付的分包款后的余额，按照规定的预征率预缴增值税

    C. 纳税人提供建筑服务取得预收款，适用增值税一般计税方法计税的项目预征率为 3%，适用简易计税方法计税的项目预征率为 2%

    D. 纳税人（不含其他个人）跨县（市）提供建筑服务：向建筑服务发生地主管税务机关预缴的增值税税款，可以在当期增值税应纳税额中抵减，抵减不完的，结转下期继续抵减

参考答案：C

4. 下列关于企业所得税的表述有误的是：（　　）。

    A. 实行查账征收方式申报企业所得税的居民企业（包括境外注册中资控股居民企业）应当在纳税年度终了之日起 5 个月内，进行年度纳税申报

    B. 实行查账征收方式申报企业所得税的居民企业在年度中间终止经营活动的应当在实际终止经营之日起 90 日内，进行企业所得税年度纳税申报

    C. 实行核定定额征收企业所得税的纳税人，不进行汇算清缴

  D. 纳税人应按照月度或者季度的实际利润额预缴企业所得税。也可以按照上一纳税年度应纳税所得额的月度或者季度平均额预缴，或者按照经税务机关认可的其他方法预缴

参考答案：B

5. 下列关于车辆购置税的表述有误的是：（　）。

  A. 在中华人民共和国境内购置汽车、有轨电车、汽车挂车、排气量超过 150 毫升的摩托车的单位和个人，为车购税纳税人，纳税人自纳税义务发生之日起 30 日内办理车购税申报

  B. 车辆购置税的纳税义务发生时间为纳税人购置应税车辆的当日。购买自用应税车辆的为购买之日，即车辆相关价格凭证的开具日期

  C. 进口自用应税车辆的为进口之日，车辆购置税的纳税义务发生时间为《海关进口增值税专用缴款书》或者其他有效凭证的开具日期

  D. 自产、受赠、获奖或者以其他方式取得并自用应税车辆的为取得之日，车辆购置税的纳税义务发生时间为合同、法律文书或者其他有效凭证的生效或者开具日期

参考答案：A

6. 下列关于土地增值税的表述有误的是：（　）。

  A. 房地产开发项目全部竣工、完成销售的，应进行土地增值税的清算

  B. 整体转让未竣工决算房地产开发项目的，应进行土地增值税的清算

  C. 直接转让土地使用权的，应进行土地增值税的清算

  D. 对于符合应进行土地增值税清算条件的项目，纳税人应当在满足条件之日起 60 日内到主管税务机关办理清算手续

参考答案：D

7. 下列关于耕地占用税的表述有误的是：（　）。

  A. 未经批准占用应税土地的，耕地占用税纳税义务发生时间为自然资源主管部门认定的纳税人实际占用耕地的当日

  B. 经批准占用应税土地的，耕地占用税纳税义务发生时间为纳税人收到自然资源主管部门办理占用耕地手续的书面通知的当日

  C. 占用耕地建设农田水利设施的，占用园地、林地、草地、农田水利用地、养殖水面、渔业水域滩涂以及其他农用地建设直接为农业生产服务的生产设施，不缴纳耕地占用税

  D. 已享受减免税的应税土地改变用途，不再属于减免税范围的，耕地占用税纳税义务发生时间为纳税人改变土地用途的次日

参考答案：D

8. 下列表述有误的是：（ ）。

  A. 实行简易申报的定期定额户，应当在税务机关规定的期限内按照法律、行政法规规定，通过财税库银电子缴税系统批量扣税或委托银行扣缴核定税款的，当期（指纳税期）可不办理申报手续，实行以缴代报

  B. 单位和个体工商户（不含其他个人）发生二手房交易，在房产所在地主管税务机关缴纳完毕后，应向注册地主管税务机关履行纳税申报义务，申报其二手房交易销售额并扣减已缴税额

  C. 对实行增值税期末留抵退税的纳税人，其从城市维护建设税、教育费附加和地方教育附加的计税（征）依据不能扣除退还的增值税税额

  D. 对实行简并征期的定期定额户，其按照定额所应缴纳的税款在规定的期限内申报纳税不加收滞纳金

参考答案：C

9. 下列关于延期申报的表述有误的是：（ ）。

  A. 纳税人、扣缴义务人因不可抗力或其他原因在规定期限内办理纳税申报或报送代扣代缴、代收代缴税款报告表确有困难需要延期的，应当在申请延期的申报期限之内向税务机关提出书面延期申请，经税务机关核准，可以延期申报

  B. 应当在不可抗力情形消除后立即向税务机关报告

  C. 经核准延期办理前款规定的申报、报送事项的，应当在纳税期内按照上期实际缴纳的税额或者税务机关核定的税额预缴税款，并

在核准的延期内办理税款结算

  D. 预缴税额大于实际应纳税额的，税务机关结算退税，预缴税额小于应纳税额的，结算补税并加收滞纳金

参考答案：D

10. 下列关于延期缴纳税款的表述有误的是：（ ）。

  A. 纳税人因有特殊困难，不能按期缴纳税款的，经省、自治区、直辖市、计划单列市税务局批准，可以延期缴纳税款，但是最长不得超过六个月

  B. 因不可抗力，导致纳税人发生较大损失，正常生产经营活动受到较大影响的，属于特殊困难

  C. 当期货币资金在扣除应付职工工资、社会保险费后，不足以缴纳税款的，属于特殊困难

  D. 纳税人需要延期缴纳税款的，应当在缴纳税款期限届满前提出申请，税务机关作出不予行政许可决定的，从缴纳税款期限届满之日起加收滞纳金

参考答案：A

11. 下列关于退抵税的表述有误的是：（ ）。

  A. 纳税人自结算缴纳税款之日起3年内发现多缴税款的，可以向税务机关要求退还多缴的税款并加算银行同期存款利息

  B. 税务机关发现纳税人超过应纳税额多缴的税款，应该依照税收法律法规及相关规定办理退还手续

  C. 退税利息按照税款所属期最后1日中国人民银行规定的活期存款利率计算

  D. 除出口退税以外，纳税人既有应退税款又有欠缴税款的，税务机关可以将纳税人的应退税款和利息先抵扣欠缴的税款；抵扣后有余额的，纳税人可以申请办理应退余额的退库

参考答案：C

12. 下列关于退抵税的表述有误的是：（ ）。

  A. 纳税人、缴费人、扣缴义务人办理纳税申报后，发现申报表存在错误，完成修改更正或作废

    B. 申报错误更正时允许差额更正或补充申报

    C. 作废申报表只能在对应申报当期的申报期限之内，且未开具完税凭证或划缴税款的情况下进行，否则不能作废申报表，只能对已申报的申报表进行更正处理

    D. 申报错误更正后，如涉及补缴税款，应按规定加收滞纳金

参考答案：B

13. 下列关于契税的表述有误的是：（   ）。

    A. 税务机关收取纳税人申请退还契税资料后，应向不动产登记机构核实有关土地、房屋权属登记情况

    B. 税务机关收取纳税人申请退还契税资料，核实后符合条件的即时受理，不符合条件的一次性告知应补正资料或不予受理原因

    C. 土地使用权互换、房屋互换，契税计税依据为承受的土地使用权、房屋价格

    D. 购买新建商品房的纳税人，因销售新建商品房的房地产开发企业已办理注销税务登记或者被税务机关列为非正常户等原因不能取得销售不动产发票的，可在税务机关核实有关情况后办理契税纳税申报

参考答案：C

14. 下列表述有误的是：（   ）。

    A. 已缴纳车辆购置税的车辆，发生车辆退回生产企业或者经销商的，符合免税条件但已征税的设有固定装置的非运输车辆，以及其他依据法律法规规定应予退税情形的，纳税人向税务机关申请退还已缴纳的车辆购置税

    B. 已征车辆购置税的车辆退回车辆生产或销售企业，纳税人申请退还车辆购置税的，应退税额计算公式如下：应退税额 = 已纳税额 × （1– 使用年限 ×10%），使用年限的计算方法是自纳税人缴纳税款之日起至申请退税之日止

    C. 已经缴纳车船税的车船，因质量原因被退回生产企业或者经销商的，纳税人可以向税务机关申请退还自退货月份起至该纳税年度终了期间的税款

D．在一个纳税年度内，已完税的车船被盗抢、报废、灭失的，纳税人可以凭有关管理机关出具的证明和完税证明，向纳税所在地的主管税务机关申请退还自被盗抢、报废、灭失次月起至该纳税年度终了期间的税款

参考答案：D

15．下列表述有误的是：（　　）。

A．在人民法院裁定受理破产申请之日至企业注销之日期间，破产企业应当接受税务机关的税务管理，履行税法规定的相关义务

B．人民法院裁定受理破产申请的，其指定的管理人可持人民法院受理破产申请裁定书、指定管理人决定书以及经办人身份证明、管理人授权委托书，以破产企业名义至主管税务机关办理相关涉税事宜

C．破产企业管理人应当自裁定受理破产申请之日起 15 日内，书面通知已知的主管税务机关申报税收债权

D．管理人无法确定主管税务机关的，可以书面通知设区市级税务机关，由设区市级税务机关协助通知主管税务机关

参考答案：C

二、多选

1．下列关于增值税的表述正确的有：（　　）。

A．自 2023 年 1 月 1 日至 2023 年 12 月 31 日，增值税小规模纳税人适用 3% 征收率的应税销售收入，减按 1% 征收率征收增值税

B．自 2023 年 1 月 1 日至 2023 年 12 月 31 日，增值税小规模纳税人适用 3% 预征率的预缴增值税项目，减按 1% 预征率预缴增值税

C．按照现行规定应当预缴增值税税款的小规模纳税人，凡在预缴地实现的月销售额未超过 10 万元的，当期无需预缴税款

D．在预缴地实现的月销售额超过 10 万元的，适用 3% 预征率的预缴增值税项目，减按 1% 预征率预缴增值税

参考答案：ABCD

2. 自 2021 年 8 月 1 日起，增值税、消费税分别与城市维护建设税、教育费附加、地方教育附加申报表整合，启用哪些申报表：（ ）。

  A. 《增值税及附加税费申报表（一般纳税人适用）》及其附列资料

  B. 《增值税及附加税费申报表（小规模纳税人适用）》及其附列资料

  C. 《增值税及附加税费预缴表》及其附列资料

  D. 《消费税及附加税费申报表》

参考答案：ABCD

3. 下列关于企业所得税的表述正确的有：（ ）。

  A. 境外注册中资控股居民企业需要申报办理注销税务登记的，应在注销税务登记前，就其清算所得向主管税务机关申报缴纳企业所得税

  B. 企业应当在办理注销登记之前，就其清算所得向主管税务机关申报并依法缴纳企业所得税

  C. 进入清算期的企业应对清算事项，报主管税务机关备案

  D. 小型微利企业免于填报《一般企业收入明细表》（A101010）、《金融企业收入明细表》（A101020）、《一般企业成本支出明细表》（A102010）、《金融企业支出明细表》（A102020）、《事业单位、民间非营利组织收入、支出明细表》（A103000）、《期间费用明细表》（A104000）。上述表单相关数据应当在《中华人民共和国企业所得税年度纳税申报表（A 类）》（A100000）中直接填写

参考答案：ABCD

4. 下列关于个人所得税累计预扣法的表述正确的有：（ ）。

  A. 扣缴义务人向居民个人支付工资、薪金所得时，应当按照累计预扣法计算预扣税款，并按月办理扣缴申报

  B. 本期应预扣预缴税额 =（累计预扣预缴应纳税所得额 × 预扣率 – 速算扣除数）– 累计减免税额 – 累计已预扣预缴税额

  C. 累计预扣预缴应纳税所得额 = 累计收入 – 累计免税收入 – 累计减除费用 – 累计专项扣除 – 累计专项附加扣除 – 累计依法确定的其

他扣除

D. 对一个纳税年度内首次取得工资、薪金所得的居民个人，扣缴义务人在预扣预缴个人所得税时，可按照 5000 元 / 月乘以纳税人当年截至本月月份数计算累计减除费用

E. 首次取得工资、薪金所得的居民个人，是指自纳税年度首月起至新入职时，未取得工资、薪金所得或者未按照累计预扣法预扣预缴过连续性劳务报酬所得个人所得税的居民个人

参考答案：ABCDE

5. 下列关于个人所得税的表述正确的有：（ ）。

A. 正在接受全日制学历教育的学生因实习取得劳务报酬所得的，扣缴义务人预扣预缴个人所得税时，可按照规定的累计预扣法计算并预扣预缴税款

B. 2021 年 1 月 1 日起，对上一完整纳税年度内每月均在同一单位预扣预缴工资、薪金所得个人所得税且全年工资、薪金收入不超过 6 万元的居民个人，扣缴义务人在预扣预缴本年度工资、薪金所得个人所得税时，累计减除费用自 1 月份起直接按照全年 6 万元计算扣除

C. 个人所得税汇算应退或应补税额 =［（综合所得收入额 –60000 元 –"三险一金"等专项扣除 – 子女教育等专项附加扣除 – 依法确定的其他扣除 – 捐赠）× 适用税率 – 速算扣除数］– 已预缴税额

D. 纳税人可优先通过手机个人所得税 APP、自然人电子税务局网站办理汇算，税务机关将为纳税人提供申报表项目预填服务；不方便通过上述方式办理的，也可以通过邮寄方式或到办税服务厅办理

参考答案：ABCD

6. 纳税人在 2022 年已依法预缴个人所得税且符合下列情形之一的，无需办理汇算：（   ）。

A. 汇算需补税但综合所得收入全年不超过 12 万元的

B. 汇算需补税金额不超过 400 元的

    C. 已预缴税额与汇算应纳税额一致的

    D. 符合汇算退税条件但不申请退税的

参考答案：ABCD

7. 符合下列情形之一的，纳税人需办理 2022 年度汇算：（　　）。

    A. 已预缴税额大于汇算应纳税额且申请退税的

    B. 2022 年取得的综合所得收入超过 12 万元且汇算需要补税金额超过 400 元的

    C. 因适用所得项目错误或者扣缴义务人未依法履行扣缴义务，造成 2022 年少申报或者未申报综合所得的

    D. 已预缴税额与汇算应纳税额一致的

参考答案：ABC

8. 下列关于个人所得税纳税人自行办理或受托人为纳税人代为办理年度汇算的表述正确的有：（　　）。

    A. 个人所得税纳税人自行办理或受托人为纳税人代为办理年度汇算的，向纳税人任职受雇单位的主管税务机关申报

    B. 有两处及以上任职受雇单位的，可自主选择向其中一处申报

    C. 纳税人没有任职受雇单位的，向其户籍所在地、经常居住地或者主要收入来源地的主管税务机关申报

    D. 主要收入来源地，是指汇算所属年度向纳税人累计发放劳务报酬、稿酬及特许权使用费金额最大的扣缴义务人所在地

参考答案：ABCD

9. 下列关于个人所得税经营所得的表述正确的有：（　　）。

    A. 个体工商户业主、个人独资企业投资者、合伙企业个人合伙人和其他从事货物运输经营活动的个人，应依法自行申报缴纳经营所得个人所得税

    B. 纳税人取得经营所得，按年计算个人所得税，由纳税人在月度或季度终了后 15 日内，向经营管理所在地主管税务机关办理预缴纳税申报，并报送《个人所得税经营所得纳税申报表（a 表）》

    C. 取得所得的次年 3 月前，向经营管理所在地主管税务机关办理汇算清缴，并报送《个人所得税经营所得纳税申报表（b 表）》

D. 纳税人从两处以上取得经营所得的，选择向其中一处经营管理所
在地主管税务机关办理年度汇总申报，并报送《个人所得税经营
所得纳税申报表（c 表）》

参考答案：ABCD

10. 下列关于个人所得税的表述正确的有：（　　）。

A. 个人所得税以向个人支付所得的单位或者个人为扣缴义务人

B. 居民个人取得综合所得，按年计算个人所得税；有扣缴义务人
的，由扣缴义务人按月或者按次预扣预缴税款

C. 扣缴义务人每月或者每次预扣、代扣的税款，应当在次月 15 日
内，填报《个人所得税扣缴申报表》及其他相关资料，向税务机
关纳税申报并缴入国库

D. 扣缴义务人向居民个人支付利息、股息、红利所得，财产租赁所
得，财产转让所得或者偶然所得时，应当按月或按次代扣代缴个
人所得税，在次月 15 日填报《个人所得税扣缴申报表》及其他
相关资料，向主管税务机关纳税申报

参考答案：ABCD

11. 在（　　）范围内使用土地的单位和个人应依照规定，向税务机关进
行纳税申报缴纳城镇土地使用税。

A. 城市　　　　　　　　　　B. 县城
C. 建制镇　　　　　　　　　D. 工矿区

参考答案：ABCD

12. 下列关于土地增值税的表述正确的有：（　　）。

A. 土地增值税纳税人转让房地产坐落在两个或两个以上地区的，应
汇总申报纳税

B. 纳税人在项目全部竣工结算前转让房地产取得的收入，应按照各
省税务机关规定的纳税期限，预征缴纳土地增值税

C. 对经审核需要补缴土地增值税的，由纳税人通过申报错误更正环
节进行更正申报并补缴税款；对需要退还土地增值税的，由纳税
人更正申报后办理多缴税款的退还

D. 在土地增值税清算时未转让的房地产，清算后销售或有偿转让

的，扣除项目金额按清算时的单位建筑面积成本费用乘以销售或转让面积计算

E. 纳税人应当自转让房地产合同签订之日起 7 日内向房地产所在地主管税务机关办理纳税申报，并在税务机关核定的期限内缴纳土地增值税

参考答案：BCDE

13. 下列关于土地增值税的表述正确的有：（ ）。

A. 已竣工验收的房地产开发项目，已转让的房地产建筑面积占整个项目可售建筑面积的比例在 85% 以上，或该比例虽未超过 85%，但剩余的可售建筑面积已经出租或自用的，主管税务机关可要求纳税人进行土地增值税清算

B. 取得销售（预售）许可证满三年仍未销售完毕的，主管税务机关可要求纳税人进行土地增值税清算

C. 纳税人申请注销税务登记但未办理土地增值税清算手续的，主管税务机关可要求纳税人进行土地增值税清算

D. 对符合可要求纳税人进行土地增值税清算的项目，由主管税务机关确定是否进行清算

E. 土地增值税中对于确定需要进行清算的项目，由主管税务机关下达清算通知，纳税人应当在收到清算通知之日起 60 日内办理清算手续

参考答案：ABCD

14. 下列关于印花税的计税依据的表述有误的是：（ ）。

A. 应税合同的计税依据为合同所列的金额，包括列明的增值税税款

B. 应税产权转移书据的计税依据为产权转移书据所列的金额，包括列明的增值税税款

C. 应税营业账簿的计税依据为账簿记载的实收资本（股本）、资本公积合计金额

D. 证券交易的计税依据为成交金额

参考答案：AB

15. 出口退（免）税企业备案信息报告事项具体包括：（　　）。

A. 出口退（免）税备案

B. 对外贸易经营者备案

C. 生产企业委托代办退税备案

D. 外贸综合服务企业代办退税备案

参考答案：ACD

16. 下列关于出口退（免）税的表述正确的有：（　　）。

A. 纳税人因未收齐出口退（免）税相关单证，无法在规定期限内申报出口退（免）税或者开具《代理出口货物证明》的，取消出口退（免）税延期申报，停止报送《出口退（免）税延期申报申请表》及相关举证资料。待收齐退（免）税凭证及相关电子信息后，即可申报办理退（免）税

B. 纳税人办理出口退（免）税备案时，停止报送《对外贸易经营者备案登记表》《中华人民共和国外商投资企业批准证书》《中华人民共和国海关报关单位注册登记证书》

C. 生产企业办理增值税免抵退税申报时，报送简并优化后的《免抵退税申报汇总表》和《生产企业出口货物劳务免抵退税申报明细表》，停止报送《免抵退税申报汇总表附表》《免抵退税申报资料情况表》《生产企业出口货物扣除国内免税原材料申请表》；办理消费税退税申报时，报送简并优化后的《生产企业出口非自产货物消费税退税申报表》

D. 企业应在货物报关出口之日次月起至次年4月30日前的各增值税纳税申报期内收齐有关凭证，向主管税务机关办理出口货物增值税、消费税免退税申报，经主管税务机关批准的，企业在增值税纳税申报期以外的其他时间也可办理免退税申报

E. 企业应在货物报关出口之日次月起至次年5月30日前的各增值税纳税申报期内收齐有关凭证，向主管税务机关申报办理出口货物增值税免抵退税及消费税退税

参考答案：ABCD

17. 出口货物劳务的出口日期，按以下原则确定：（　　）。

A. 属于向海关报关出口的货物劳务，以出口货物报关单信息上注明的出口日期为准

B. 属于向海关报关出口的货物劳务，以出口发票或普通发票的开具时间为准

C. 属于非报关出口销售的货物，以出口发票或普通发票的开具时间为准

D. 属于非报关出口销售的货物，以货物离境时海关出具的出境货物备案清单上注明的出口日期为准

E. 属于保税区内出口企业或其他单位出口的货物以及经保税区出口的货物，以货物离境时海关出具的出境货物备案清单上注明的出口日期为准

参考答案：ACE

18. 纳税人符合政策规定可以享受减免的税款，如已经缴纳入库，可以申请退（抵）已缴纳的税款。以下情形属于入库减免退抵税的有：（　　）。

A. 增值税小规模纳税人月销售额不超过 10 万元（按季纳税 30 万元）的，当期因代开增值税专用发票已经缴纳的税款，在专用发票全部联次追回或者按规定开具红字专用发票后，可以向主管税务机关申请退还

B. 增值税即征即退，按税法规定缴纳的税款，由税务机关征收入库后，再由税务机关按规定的程序给予部分或全部退还已纳税款

C. 非居民纳税人可享受但未享受协定待遇，可以申请退还多缴税款的情况

D. 其他减免税政策发布时间滞后于执行时间已入库税款的退税，也属于减免退税

参考答案：ABCD

19. 实行分期预缴、按期汇算结算的纳税人，在清算过程中形成的多缴税款，可以向税务机关申请办理退抵税费。以下业务属于汇算清缴结算多缴退抵税的有：（　　）。

A. "营改增"试点纳税人提供应税服务，按照国家有关营业税政策

规定差额征收营业税的，因取得的全部价款和价外费用不足以抵减允许扣除项目金额，截至本地区试点实施之日尚未扣除的部分，不得在计算试点纳税人本地区试点实施之日后的销售额时予以抵减，应当向原主管地税机关申请退还营业税

B. 因土地增值税清算原因导致多缴企业所得税的退税

C. 对房产税、城镇土地税税源信息修改，以及增值税、消费税申报税款小于预缴税款，导致发生多缴税款

D. 纳税人在批准临时占用耕地的期限内恢复所占耕地原状的，全额退还已缴纳的耕地占用税

参考答案：ABCD

20. 下列关于个人所得税更正申报的表述正确的有：（　　）。

A. 个人所得税允许增量更正和部分更正

B. 如纳税人已完成年度申报，不允许更正预缴申报

C. 年度综合所得申报中有上年度的结转时，如更正上年度的综合所得年度申报，应提醒纳税人一并更正本年年度综合所得申报

D. 同一扣缴义务人连续性综合所得已有下期预缴申报的，可采用部分、增量更正方式进行更正，更正时需采集扣缴义务人更正申报的原因等信息，如年中更正预缴的，可暂不更正后期的预缴申报

E. 限售股已进行清算时，不能更正该人的限售股的扣缴申报

参考答案：ABCE

21. 下列关于社保费更正申报的表述正确的有：（　　）。

A. 社保费申报错误需要更正时，在满足条件的情况下，可以通过作废原申报表，重新申报

B. 当月已申报未开票未入库的，可以作废申报

C. 当月已申报已开票未入库的，应当作废已开票信息，再进行作废申报

D. 当月已申报已开票已入库的，不可以作废申报，可以补充申报

参考答案：ABCD

22. 契税纳税人依法纳税申报时，应填报《财产和行为税税源明细表》（《契税税源明细表》部分），并根据具体情形提交资料，下列表述正确的有：（　　）。

A. 纳税人身份证件

B. 土地、房屋权属转移合同或其他具有土地、房屋权属转移合同性质的凭证

C. 交付经济利益方式转移土地、房屋权属的，提交土地、房屋权属转移相关价款支付凭证，其中，土地使用权出让为财政票据，土地使用权出售、互换和房屋买卖、互换为增值税发票

D. 因人民法院、仲裁委员会的生效法律文书或者监察机关出具的监察文书等因素发生土地、房屋权属转移的，提交生效法律文书或监察文书等

E. 符合减免税条件的，应按规定附送有关资料或将资料留存备查

参考答案：ABCDE

23. 纳税人依照《契税法》以及财政部、国家税务总局公告2021年第23号规定向税务机关申请退还已缴纳契税的，应提供纳税人身份证件、完税凭证复印件，并根据不同情形提交相关资料，下列表述正确的有：（　　）。

A. 在依法办理土地、房屋权属登记前，权属转移合同或合同性质凭证不生效、无效、被撤销或者被解除的，提交合同或合同性质凭证不生效、无效、被撤销或者被解除的证明材料

B. 因人民法院判决或者仲裁委员会裁决导致土地、房屋权属转移行为无效、被撤销或者被解除，且土地、房屋权属变更至原权利人的，提交人民法院、仲裁委员会的生效法律文书

C. 在出让土地使用权交付时，因容积率调整或实际交付面积小于合同约定面积需退还土地出让价款的，提交补充合同（协议）和退款凭证

D. 在新建商品房交付时，因实际交付面积小于合同约定面积需返还房价款的，提交补充合同（协议）和退款凭证

参考答案：ABCD

24. 下列表述正确的有：（　　）。

　　A. 主管税务机关应当在人民法院确定的债权申报期内向管理人申报破产企业所欠税款（含教育费附加、地方教育附加，下同）、滞纳金及罚款

　　B. 因特别纳税调整产生的利息、由税务机关征收的社会保险费及非税收入，也应一并申报在人民法院确定的债权申报期内向管理人申报

　　C. 未在债权申报期内申报破产债权的，可以在破产财产最后分配前补充申报

　　D. 破产企业所欠税款、滞纳金、罚款，以及因特别纳税调整产生的利息、由税务机关征收的非税收入，以人民法院裁定受理破产申请之日为截止日计算确定

参考答案：ABCD

三、判断

1. 自 2018 年 3 月申报期起，成品油消费税纳税人申报的某一类成品油销售数量应大于或等于开具的该同一类成品油发票所载明的数量；申报扣除的成品油数量应小于或等于取得的扣除凭证载明数量。　　　　　　（　　）

参考答案：×

【自税款所属期 2018 年 3 月起，成品油消费税纳税人申报的某一类成品油销售数量应大于或等于开具的该同一类成品油发票所载明的数量；申报扣除的成品油数量应小于或等于取得的扣除凭证载明数量。】

2. 纳税人应当建立《电池、涂料税款抵扣台账》，作为申报扣除委托加工收回应税消费品已纳消费税税款的备查资料。　　　　　　　　　（　　）

参考答案：√

3. 个人所得税纳税人、代办年度汇算的单位，需各自将年度汇算申报表以及纳税人综合所得收入、扣除、已缴税额或税收优惠等相关资料，自年度汇算期结束之日起留存 3 年。　　　　　　　　　　　　　　　（　　）

参考答案：×

【个人所得税纳税人、代办年度汇算的单位，需各自将年度汇算申报表以及纳税人综合所得收入、扣除、已缴税额或税收优惠等相关资料，自年度汇算期结束之日起留存5年。】

4. 纳税人出口货物劳务、发生跨境应税行为，未在规定期限内申报出口退（免）税或者开具《代理出口货物证明》的，在收齐退（免）税凭证及相关电子信息后，即可申报办理出口退（免）税；未在规定期限内收汇或者办理不能收汇手续的，不能申报办理退（免）税。　　　　　　　　（　　）

参考答案：×

【纳税人出口货物劳务、发生跨境应税行为，未在规定期限内申报出口退（免）税或者开具《代理出口货物证明》的，在收齐退（免）税凭证及相关电子信息后，即可申报办理出口退（免）税；未在规定期限内收汇或者办理不能收汇手续的，在收汇或者办理不能收汇手续后，即可申报办理退（免）税。】

5. 纳税人因申报出口退（免）税的出口报关单、代理出口货物证明、委托出口货物证明、增值税进货凭证没有电子信息或凭证内容与电子信息不符，无法在规定期限内申报出口退（免）税或者开具《代理出口货物证明》的，取消出口退（免）税凭证无相关电子信息申报，停止报送《出口退（免）税凭证无相关电子信息申报表》。待收齐退（免）税凭证及相关电子信息后，即可申报办理退（免）税。　　　　　　　　（　　）

参考答案：√

6. 纳税人多贴的印花税票，不予退税及抵缴税款。　　　　　　（　　）

参考答案：√

7. 纳税人申报缴纳城镇土地使用税、房产税、车船税、印花税、耕地占用税、资源税、土地增值税、契税、环境保护税、烟叶税中一个或多个税种时，使用《财产和行为税纳税申报表》。纳税人新增税源或税源变化时，需先填报《财产和行为税税源明细表》。　　　　　　　　（　　）

参考答案：√

第五章　优惠办理

	初级	中级	高级
优惠办理	1. 熟悉税收优惠的概念、内涵，掌握税收优惠分类 2. 熟悉税收优惠的办理方式、渠道，能向纳税人进行正确宣传 3. 了解纳税人在办理税收优惠中的权利和义务，掌握税务机关在落实税收优惠政策中的职责 4. 了解"减免性质代码"的含义、用途，在操作系统中能正确选用 5. 熟悉申报享受税收减免、税收减免备案、税收减免核准的政策规定和具体系统操作，能准确辅导纳税人正确办理优惠事项 6. 熟悉每一个税收优惠项目享受主体、优惠内容、享受条件和政策依据，能够向纳税人进行宣传解释并辅导纳税人正确填写相应申报表优惠栏次，掌握全三操作模块及流程，能准确、熟练办理	1. 熟悉减税降费意义，掌握税收优惠分析方法，能准确开展减税降费效应分析 2. 熟悉税收优惠服务措施，在实际工作中能正确应用 3. 熟悉申报享受税收减免、税收减免备案、税收减免核准相关优惠政策的前后变化，并根据纳税人实际情况辅导纳税人正确选用相关优惠政策，根据纳税人实际，有针对性的提示纳税人注意事项，准确向纳税人进行优惠政策解读 4. 熟悉纳税人税收优惠的后续管理，提醒纳税人按规范留存资料，能准确解答纳税人的相关咨询 5. 掌握分析申报享受税收减免、税收减免备案、税收减免核准存在的风险点的方法，并能正确处理 6. 熟悉纳税人跨境应税行为免征增值税报告和纳税人放弃免（减）税权声明的具体规定，根据纳税人实际，有针对性地提示纳税人注意事项	1. 熟悉减税降费的重大意义，结合实际在减税降费中开展创新工作 2. 掌握税收优惠综合评价方法，对减税降费政策进行效应评价 3. 掌握申报享受税收减免、税收减免备案、税收减免核准事项的相关优惠政策，根据各税种特点，结合税收实际，对申报享受税收减免事项提出风险防范措施 4. 掌握减税降费政策的内容实质，对效应进行深入有效分析，提出改进意见 5. 评价相关防控措施，及时和税源管理部门进行沟通协调，共建税收优惠风险防范机制 6. 掌握服务措施推行的有效性，并就进一步优化流程和服务措施提出意见建议，促进服务规范持续升级

	初级	中级	高级
优惠办理	7. 熟悉最新小规模纳税人免征减征增值税政策、小型微利企业和个体工商户所得税优惠政策、研发费用税前加计扣除政策等常见的减税降费政策，能向纳税人正确解读税收优惠政策 8. 熟悉跨境应税行为免征增值税报告和纳税人放弃免（减）税权声明的服务规范，能够向纳税人进行宣传解释并辅导纳税人办理 9. 落实优惠办理事项基本服务规范	7. 熟悉纳税人跨境应税行为免征增值税报告和纳税人放弃免（减）税权声明的后续管理，提示纳税人优惠情况发生变化后及时向税务机关报告 8. 分析纳税人跨境应税行为免征增值税报告和纳税人放弃免（减）税权声明存在的风险点，并能正确处理	7. 掌握跨境应税行为免征增值税报告和纳税人放弃免（减）税权声明的具体规定，结合税收工作实际，提出风险防范措施

必懂复习策略

　　本章主要内容包括优惠办理概述、申报享受税收减免、税收减免备案、税收减免核准、跨境应税行为免征增值税报告、国际税收优惠办理。其中申报享受税收减免、税收减免核准比较重要，应重点掌握。

　　申报享受税收减免是纳税人享受税收优惠的重要方式。应熟悉申报享受税收减免的事项，熟悉相关税收优惠项目的享受主体、享受条件和优惠内容。重点掌握月销售额10万元以下免税政策、适用3%征收率减按1%征收增值税政策等。

　　税收减免核准应熟悉优惠核准享受主体、享受条件、优惠内容及办理时限。应重点掌握税收优惠核准事项办理需要的资料及资料与条件的相关性审核等。

　　初级考生学习侧重点应为基础知识，如享受主体、享受条件和优惠内容等；中级考生学习侧重点应为具体规定及相关风险管理等；高级考生学习侧重点应为各方面知识的综合运用和服务规范升级。

必会核心知识

■ 中共中央办公厅、国务院办公厅印发的《关于进一步深化税收征管改革的意见》提出，确保税费优惠政策直达快享。2021年实现征管操作办法与税费优惠政策同步发布、同步解读，增强政策落实的及时性、确定性、一致性。进一步精简享受优惠政策办理流程和手续，持续扩大"自行判别、自行申报、事后监管"的范围，确保便利操作、快速享受、有效监管。2022年实现依法运用大数据精准推送优惠政策信息，促进市场主体充分享受政策红利。

■ 单位和个体工商户适用增值税减征、免征政策的，在增值税纳税申报时按规定填写申报表中相应的减免税栏次即可享受，相关政策规定的证明材料留存备查。

■ 纳税人适用增值税即征即退政策的，应当在首次申请增值税退税时，按规定向主管税务机关提供退税申请材料和相关政策规定的证明材料。纳税人后续申请增值税退税时，相关证明材料未发生变化的，无需重复提供，仅需提供退税申请材料并在退税申请中说明有关情况。纳税人享受增值税即征即退条件发生变化的，应当在发生变化后首次纳税申报时向主管税务机关书面报告。

■ 除另有规定外，纳税人不再符合增值税优惠条件的，应当自不符合增值税优惠条件的当月起，停止享受增值税优惠。

■ 符合申报享受税收减免条件的纳税人，在首次申报享受时随申报表报送附列资料，或直接在申报表中填列减免税信息，无需报送资料。

■ 符合备案类税收减免的纳税人，如需享受相应税收减免，应在首次享受减免税的申报阶段或在申报征期后的其他规定期限内提交相关资料向主管税务机关申请办理税收减免备案。

■ 纳税人在符合减免税条件期间，备案材料一次性报备，在政策存续期可一直享受，当减免税情形发生变化时，应当及时向税务机关报告。

■ 自2023年1月1日至2023年12月31日，增值税小规模纳税人（以下简称小规模纳税人）发生增值税应税销售行为，合计月销售额未超过 10 万元（以 1 个季度为 1 个纳税期的，季度销售额未超过 30 万元，下同）的，免征增值税。

■ 自 2023 年 1 月 1 日至 2023 年 12 月 31 日，小规模纳税人发生增值税应税销售行为，合计月销售额超过 10 万元，但扣除本期发生的销售不动产的销售额后未超过 10 万元的，其销售货物、劳务、服务、无形资产取得的销售额免征增值税。

■ 自 2022 年 1 月 1 日起，对个人养老金实施递延纳税优惠政策。在缴费环节，个人向个人养老金资金账户的缴费，按照 12000 元 / 年的限额标准，在综合所得或经营所得中据实扣除；在投资环节，计入个人养老金资金账户的投资收益暂不征收个人所得税；在领取环节，个人领取的个人养老金，不并入综合所得，单独按照 3% 的税率计算缴纳个人所得税，其缴纳的税款计入"工资、薪金所得"项目。

■ 自 2022 年 10 月 1 日至 2023 年 12 月 31 日，对出售自有住房并在现住房出售后 1 年内在市场重新购买住房的纳税人，对其出售现住房已缴纳的个人所得税予以退税优惠。其中，新购住房金额大于或等于现住房转让金额的，全部退还已缴纳的个人所得税；新购住房金额小于现住房转让金额的，按新购住房金额占现住房转让金额的比例退还出售现住房已缴纳的个人所得税。

■ 企业开展研发活动中实际发生的研发费用，未形成无形资产计入当期损益的，在按规定据实扣除的基础上，自 2023 年 1 月 1 日起，再按照实际发生额的 100% 在税前加计扣除；形成无形资产的，自 2023 年 1 月 1 日起，按照无形资产成本的 200% 在税前摊销。

■ 扩大税收优惠政策资料备案改备查范围，除增值税即征即退、先征后退（返）、加计抵减以及自然人税收外的其他税收优惠备案全部改为资料留存备查。

■ 符合核准类税收减免的纳税人，应当提交核准材料，提出申请，经依法具有批准权限的税务机关按规定核准确认后方可享受。未按规定申请或虽申请但未经有批准权限的税务机关核准确认的，纳税人不得享受。

■ 残疾、孤老人员和烈属取得综合所得办理汇算清缴时，汇算清缴地与预扣预缴地规定不一致的，用预扣预缴地规定计算的减免税额与用汇算清缴地规定计算的减免税额相比较，按照孰高值确定减免税额。

■ 纳税人发生向境外单位销售服务或无形资产等跨境应税行为符合免征增值税条件的，应在首次享受免税的纳税申报期内或在各省、自治区、直辖市和计划单列市税务局规定的申报征期后的其他期限内，到主管税务机关办理跨境应税行为免税备案手续。

■ 纳税人发生符合规定的免税跨境应税行为，未办理免税备案手续但已进行免税申报的，按照规定补办备案手续；未进行免税申报的，按照规定办理跨境服务备案手续后，可以申请退还已缴税款或者抵减以后的应纳税额；已开具增值税专用发票的，应将全部联次追回后方可办理跨境应税行为免税备案手续。

■ 纳税人向国内海关特殊监管区域内的单位或者个人销售服务、无形资产，不属于跨境应税行为，应照章征收增值税。

■ 纳税人发生实际经营情况不符合规定的免税条件、采用欺骗手段获取免税，或者享受减免税条件发生变化未及时向税务机关报告，以及未按照规定履行相关程序自行减免税的，税务机关依照《中华人民共和国税收征收管理法》有关规定予以处理。

■ 个人纳税人需要享受税收协定待遇的，应当在取得应税所得时主动向扣缴义务人提出，并提交相关信息、资料，扣缴义务人代扣代缴税款时按照享受税收协定待遇有关办法办理。

■ 纳税人兼营免税、减税项目的，应当分别核算免税、减税项目的销售额；未分别核算销售额的，不得免税、减税。

■ 纳税人放弃减税、免税的，自提交备案资料的次月起，按照现行有关规定计算缴纳增值税，36个月内不得再申请免税、减税。

必考点检测训练

一、单选

1. 下列关于税收优惠的表述有误的是：（　　）。

A. 符合核准类税收减免的纳税人，应当提交核准材料，提出申请，经依法具有批准权限的税务机关按规定核准确认后方可享受

B. 符合核准类税收减免的纳税人，未按规定申请或虽申请但未经有批准权限的税务机关核准确认的，纳税人不得享受

C. 纳税人发生向境外单位销售服务或无形资产等跨境应税行为符合免征增值税条件的，应在首次享受免税的纳税申报期内或在各省、自治区、直辖市和计划单列市税务局规定的申报征期后的其他期限内，到主管税务机关办理跨境应税行为免税备案手续

D. 纳税人向国内海关特殊监管区域内的单位或者个人销售服务、无形资产，属于跨境应税行为，免征增值税

参考答案：D

2. 下列关于税收优惠的表述有误的是：（　　）。

A. 纳税人发生实际经营情况不符合规定的免税条件、采用欺骗手段获取免税，或者享受减免税条件发生变化未及时向税务机关报告，以及未按照规定履行相关程序自行减免税的，税务机关依照《中华人民共和国税收征收管理法》有关规定予以处理

B. 个人纳税人需要享受税收协定待遇的，应当在取得应税所得时主动向扣缴义务人提出，并提交相关信息、资料，扣缴义务人代扣代缴税款时按照享受税收协定待遇有关办法办理

C. 纳税人兼营免税、减税项目的，应当分别核算免税、减税项目的销售额；未分别核算销售额的，不得免税、减税

D. 纳税人放弃减税、免税的，自提交备案资料的次月起，按照现行

有关规定计算缴纳增值税，60个月内不得再申请免税、减税

参考答案：D

二、多选

1. 下列关于增值税税收优惠的表述正确的有：（　　）。
   A. 单位和个体工商户适用增值税减征、免征政策的，在增值税纳税申报时按规定填写申报表中相应的减免税栏次即可享受，相关政策规定的证明材料留存备查
   B. 纳税人适用增值税即征即退政策的，应当在首次申请增值税退税时，按规定向主管税务机关提供退税申请材料和相关政策规定的证明材料
   C. 纳税人后续申请增值税退税时，相关证明材料未发生变化的，无需重复提供，仅需提供退税申请材料并在退税申请中说明有关情况
   D. 纳税人享受增值税即征即退条件发生变化的，应当在发生变化后首次纳税申报时向主管税务机关书面报告
   E. 除另有规定外，纳税人不再符合增值税优惠条件的，应当自不符合增值税优惠条件的次月起，停止享受增值税优惠

参考答案：ABCD

2. 下列关于税收优惠的表述正确的有：（　　）。
   A. 符合申报享受税收减免条件的纳税人，在首次申报享受时随申报表报送附列资料，或直接在申报表中填列减免税信息无需报送资料
   B. 符合备案类税收减免的纳税人，如需享受相应税收减免，应在首次享受减免税的申报阶段或在申报征期后的其他规定期限内提交相关资料向主管税务机关申请办理税收减免备案
   C. 纳税人在符合减免税条件期间，备案材料一次性报备，在政策存续期可一直享受，当减免税情形发生变化时，应当及时向税务机关报告

D. 扩大税收优惠政策资料备案改备查范围，除增值税即征即退、先征后退（返）、加计抵减以及自然人税收外的其他税收优惠备案全部改为资料留存备查

参考答案：ABCD

三、判断

1. 中共中央办公厅、国务院办公厅印发的《关于进一步深化税收征管改革的意见》提出，确保税费优惠政策直达快享。2022年实现征管操作办法与税费优惠政策同步发布、同步解读，增强政策落实的及时性、确定性、一致性。进一步精简享受优惠政策办理流程和手续，持续扩大"自行判别、自行申报、事后监管"范围，确保便利操作、快速享受、有效监管。2023年实现依法运用大数据精准推送优惠政策信息，促进市场主体充分享受政策红利。　　　　　　　　　　　　　　　　　　　　　（　　）

参考答案：×

【中共中央办公厅、国务院办公厅印发的《关于进一步深化税收征管改革的意见》提出，确保税费优惠政策直达快享。2021年实现征管操作办法与税费优惠政策同步发布、同步解读，增强政策落实的及时性、确定性、一致性。进一步精简享受优惠政策办理流程和手续，持续扩大"自行判别、自行申报、事后监管"范围，确保便利操作、快速享受、有效监管。2022年实现依法运用大数据精准推送优惠政策信息，促进市场主体充分享受政策红利。】

2. 自2023年1月1日至2023年12月31日，增值税小规模纳税人（以下简称小规模纳税人）发生增值税应税销售行为，合计月销售额未超过15万元（以1个季度为1个纳税期的，季度销售额未超过45万元，下同）的，免征增值税。　　　　　　　　　　　　　　　　　　　　　　（　　）

参考答案：×

【自2023年1月1日至2023年12月31日，增值税小规模纳税人（以下简称小规模纳税人）发生增值税应税销售行为，合计月销售额未超过10万元（以1个季度为1个纳税期的，季度销售额未超过30万元，下同）的，免征增值税。】

3. 自2023年1月1日至2023年12月31日，小规模纳税人发生增值税

应税销售行为，合计月销售额超过 10 万元，但扣除本期发生的销售不动产的销售额后未超过 10 万元的，其销售货物、劳务、服务、无形资产取得的销售额免征增值税。（　）

参考答案：√

4. 残疾、孤老人员和烈属取得综合所得办理汇算清缴时，汇算清缴地与预扣预缴地规定不一致的，用预扣预缴地规定计算的减免税额与用汇算清缴地规定计算的减免税额相比较，按照孰低值确定减免税额。（　）

参考答案：×

【残疾、孤老人员和烈属取得综合所得办理汇算清缴时，汇算清缴地与预扣预缴地规定不一致的，用预扣预缴地规定计算的减免税额与用汇算清缴地规定计算的减免税额相比较，按照孰高值确定减免税额。】

5. 纳税人发生符合规定的免税跨境应税行为，未办理免税备案手续但已进行免税申报的，按照规定补办备案手续；未进行免税申报的，按照规定办理跨境服务备案手续后，可以申请退还已缴税款或者抵减以后的应纳税额；已开具增值税专用发票的，不能办理跨境应税行为免税备案手续。（　）

参考答案：×

【纳税人发生符合规定的免税跨境应税行为，未办理免税备案手续但已进行免税申报的，按照规定补办备案手续；未进行免税申报的，按照规定办理跨境服务备案手续后，可以申请退还已缴税款或者抵减以后的应纳税额；已开具增值税专用发票的，应将全部联次追回后方可办理跨境应税行为免税备案手续。】

第六章　证明办理

必知考试大纲

	初级	中级	高级
证明办理	1. 了解税务证明开具具体业务范围，能够熟练开展相关操作 2. 了解税收完税证明、个人所得税纳税记录、转开印花税票销售凭证开具业务的政策规定及要求，掌握金三系统、电子税务局、税务APP等操作模块及流程，能准确、熟练办理和受理纳税人咨询 3. 了解无欠税证明开具条件、流程 4. 落实证明开具事项的基本服务规范	1. 熟悉各类证明开具的具体规定，防范各类税收证明使用过程中的风险 2. 熟悉税收完税证明、个人所得税纳税记录、转开印花税票销售凭证开具业务的政策规定及工作要求 3. 熟悉监控、分析证明开具存在的风险和问题，能准确更正错误信息	1. 掌握各类证明开具的具体规定，进一步优化证明开具业务流程，拓宽证明办理渠道，促进服务规范持续升级 2. 掌握税收完税证明、个人所得税纳税记录、转开印花税票销售凭证开具的政策规定和工作要求

必懂复习策略

本章内容在 2023 版新大纲中作出调整，保留了原来证明开具业务的基本内容，把出口退（免）税证明办理、国际税收证明开具等内容移除。

关于证明开具，应掌握税收完税证明、个人所得税纳税记录等开具业务的政策规定及工作要求，并熟悉相关系统操作模块及流程和受理纳税人相关咨询等。

出口退（免）税证明办理、国际税收证明开具等内容虽然从本章移除，但还在考试范围，相关知识点、习题及训练还应全面掌握。

初级考生学习侧重点应为基础知识，如证明办理的具体规定等；中级考生学习侧重点应为具体规定及防范证明开具风险等；高级考生学习侧重点应为各方面知识的综合运用和促进服务规范持续升级。

必会核心知识

■ 已实行实名办税的纳税人到主管税务机关申请开具《无欠税证明》的，办税人员持有效身份证件直接申请开具，无需提供登记证照副本或税务登记证副本。

■ 纳税人符合下列情形之一的，可以申请开具税收完税证明：（1）通过横向联网电子缴税系统划缴税款到国库（经收处）后或收到从国库退还的税款后，当场或事后需要取得税收票证的；（2）扣缴义务人代扣、代收税款后，已经向纳税人开具税法规定或国家税务总局认可的记载完税情况的其他凭证，纳税人需要换开正式完税凭证的；（3）纳税人遗失已完税的各种税收票证（《出口货物完税分割单》、印花税票和《印花税票销售凭证》除外），需要重新开具的；（4）对纳税人特定期间完税情况出具证明的；（5）国家税务总局规定的其他需要为纳税人开具完税凭证情形。

■ 税收完税证明分为表格式和文书式两种。第2点第（1）项、第（2）项、第（3）项以及第（5）项开具的税收完税证明为表格式；第（4）项规定开具的税收完税证明为文书式，文书式税收完税证明不得作为纳税人的记账或抵扣凭证。

■ 第2点第（2）项所称扣缴义务人已经向纳税人开具的税法规定或国家税务总局认可的记载完税情况的其他凭证，是指记载车船税完税情况的交强险保单、记载储蓄存款利息所得税完税情况的利息清单等税法或国家税务总局认可的能够作为已完税情况证明的凭证。第（4）项所称对纳税人特定期间完税情况出具证明，是指税务机关为纳税人连续期间的纳税情况汇总开具完税证明的情形。

■ 个人所得税纳税人就税款所属期为2019年1月1日（含）以后缴（退）税情况申请开具证明的，税务机关为其开具个人所得税《纳税记录》，不再开具税收完税证明（文书式）。

■ 纳税人2019年1月1日以后取得个人所得税应税所得并由扣缴义务人向税务机关办理了全员全额扣缴申报，或根据税法规定自行向税务机关办理纳税申报的，不论是否实际缴纳税款，均可以申请开具个人所得税《纳税记录》。

■ 纳税人可以通过电子税务局、手机 APP 申请开具本人的个人所得税《纳税记录》，也可到办税服务厅申请开具。

■ 纳税人可以委托他人持下列证件和资料到办税服务厅代为开具个人所得税《纳税记录》：（1）委托人及受托人有效身份证件原件；（2）委托人书面授权资料。

■ 税务机关提供两种个人所得税《纳税记录》验证服务：一是通过手机 APP 扫描个人所得税《纳税记录》中的二维码进行验证；二是通过自然人税收管理系统输入个人所得税《纳税记录》中的验证码进行验证。

■ 个人所得税《纳税记录》因不同打印设备造成的色差，不影响使用效力。

■ 个人所得税《纳税记录》不用作纳税人记账、抵扣凭证。

■ 开具个人所得税纳税记录的路径为：自然人电子税务局税务端—证明—个人所得税纳税记录开具（ITS）。

■ 纳税人遗失《出口货物完税分割单》、印花税票和《印花税票销售凭证》，不能重新开具。

■ 扣缴义务人未按规定为纳税人开具税收票证的，税务机关核实税款缴纳情况后，应当为纳税人开具税收完税证明（表格式）。

■ 纳税人提供加盖开具单位的相关业务章戳并已注明扣收税款信息的"成交过户交割凭单"或"过户登记确认书"，可以向证券交易场所和证券登记结算机构所在地的主管税务机关申请出具《税收完税证明》。

■ 切实减轻办税缴费负担。积极通过信息系统采集数据，加强部门间数据共享，着力减少纳税人缴费人重复报送。全面推行税务证明事项告知承诺制，拓展容缺办理事项，持续扩大涉税资料由事前报送改为留存备查的范围。

■ 自 2021 年 7 月 1 日起，在全国范围内对 6 项税务证明事项实行告知承诺制。

序号	证明名称	证明用途
1	出生医学证明、户口簿、结婚证（已婚的提供）等家庭成员信息证明	1. 个人购买家庭唯一住房、第二套改善性住房，申报享受减征契税政策 2. 棚户区被征收人首次购买改造安置住房，申报享受减征契税政策
2	家庭住房情况书面查询结果	1. 个人购买家庭唯一住房、第二套改善性住房，申报享受减征契税政策 2. 棚户区被征收人首次购买改造安置住房，申报享受减征契税政策
3	县级以上人民政府教育行政主管部门或劳动行政主管部门批准并核发的办学许可证	1. 企业事业组织、社会团体及其他社会组织和公民个人利用非国家财政性教育经费面向社会举办的教育机构，其承受土地、房屋权属用于教学的，申报享受免征契税政策
4	分支机构审计报告	1. 企业取得境外分支机构的营业利润所得，申报抵免境外所得税收
5	企业在境外享受税收优惠政策的证明或有关审计报告	1. 企业申报享受税收饶让抵免
6	相关部门核准企业股权变更事项证明资料	1. 纳税人办理非居民企业股权转让适用特殊性税务处理手续

■ 对实行告知承诺制的税务证明事项，纳税人可以自主选择是否适用告知承诺制办理。选择适用告知承诺制办理的，税务机关以书面形式（含电子文本）将证明义务、证明内容、承诺方式以及不实承诺的法律责任一次性告知纳税人，纳税人书面承诺已经符合告知的相关要求并愿意承担不实承诺的法律责任，税务机关不再索要该事项需要的证明材料，并依据纳税人书面承诺办理相关税务事项。纳税人不选择适用告知承诺制的，应当提供该事项需要的证明材料。

■ 纳税人对承诺的真实性承担法律责任。税务机关在事中核查时发现核查情况与纳税人承诺不一致的，应要求纳税人提供相关佐证材料后再予办理。对在事中事后核查或者日常监管中发现承诺不实的，税务机关依法责令限期改正、进行处理处罚，并按照有关规定作出虚假承诺行为认定；涉嫌犯罪的，依法移送司法机关追究刑事责任。

■ 对重大税收违法失信案件当事人不适用告知承诺制，重大税收违法失信案件当事人履行相关法定义务，经实施检查的税务机关确认，在公布期届满后可以适用告知承诺制；其他纳税人存在曾作出虚假承诺情形的，在纠正违法违规行为或者履行相关法定义务之前不适用告知承诺制。

■ 纳税人通过横向联网电子缴税系统划缴税款到国库（经收处）后或收到从国库退还的税款后，可以申请开具税收完税证明。

■ 扣缴义务人代扣、代收税款后，已经向纳税人开具税法规定或国家税务总局认可的记载完税情况的其他凭证，纳税人需要换开正式完税凭证的，可以申请开具税收完税证明。

■ 纳税人遗失已完税的各种税收票证（《出口货物完税分割单》、印花税票和《印花税票销售凭证》除外），需要重新开具的，可以申请开具税收完税证明。

■ 自 2019 年 6 月 1 日起，纳税人在全国范围内办理车辆购置税纳税业务时，税务机关不再打印和发放纸质车辆购置税完税证明。

■ 受托方代理委托方企业出口业务后，需在自货物报关出口之日起至次年 4 月 15 日前向其主管税务机关申请开具《代理出口货物证明》，并及时转交给委托方。

■ 补办出口退（免）税证明事项是指出口企业或其他单位丢失出口退税有关证明的，可以向原出具证明的税务机关提出书面申请补办。

■ 纳税人申请开具《代理出口货物证明》时，报送简并优化后的《代理出口货物证明申请表》，停止报送纸质的《委托出口货物证明》。纳税人发生退运或者需要修改、撤销出口货物报关单时，报送简并优化后的《出口货物已补税/未退税证明》，停止报送《退运已补税（未退税）证明申请表》。

■ 《中国税收居民身份证明》是我国税收居民企业或居民个人为享受中国政府对外签署的税收协定（含与香港、澳门和台湾签署的税收安排或者协议）、航空协定税收条款、海运协定税收条款、汽车运输协定税收条款、互免国际运输收入税收协议或者换函（以下统称税收协定）待遇所需的重要材料。

■ 中国税收居民企业与个人与我国政府已签订税收协定的缔约国（地区）发生相应应税行为，可向我国主管税务部门申请出具《中国税收居民身份证明》，进而享受税收协定待遇，避免双重征税。

■ 申请人应向主管其所得税的县税务局（以下称主管税务机关）申请开具《中国税收居民身份证明》。中国居民企业的境内、境外分支机构应由其中国总机构向总机构主管税务机关申请。合伙企业应当以其中国及居民合伙人作为申请人，向中国居民合伙人主管税务机关申请。申请人可以就其构成中国税收居民的任一公历年度申请开具《中国税收居民身份证明》。

必考点检测训练

一、单选

1. 税收完税证明分为表格式和文书式两种。以下情形开具税收完税证明为表格式的有：（　　）。

（1）通过横向联网电子缴税系统划缴税款到国库（经收处）后或收到从国库退还的税款后，当场或事后需要取得税收票证的

（2）扣缴义务人代扣、代收税款后，已经向纳税人开具税法规定或国家税务总局认可的记载完税情况的其他凭证，纳税人需要换开正式完税凭证的

（3）纳税人遗失已完税的各种税收票证（《出口货物完税分割单》、印花税票和《印花税票销售凭证》除外），需要重新开具的。

（4）对纳税人特定期间完税情况出具证明的

（5）国家税务总局规定的其他需要为纳税人开具完税凭证情形

　A．（1）（2）（3）

　B．（1）（2）（3）（4）

　C．（1）（2）（3）（5）

　D．（1）（2）（3）（4）（5）

参考答案：C

2. 下列关于税收完税证明的表述有误的是：（　　）。

　A．对纳税人特定期间完税情况出具证明的，开具的税收完税证明为

文书式

B. 文书式税收完税证明可以作为纳税人的记账或抵扣凭证

C. 扣缴义务人已经向纳税人开具的税法规定或国家税务总局认可的记载完税情况的其他凭证，是指记载车船税完税情况的交强险保单、记载储蓄存款利息所得税完税情况的利息清单等税法或国家税务总局认可的能够作为已完税情况证明的凭证

D. 对纳税人特定期间的完税情况出具证明，是指税务机关为纳税人连续期间的纳税情况汇总开具完税证明的情形

参考答案：B

3. 下列关于个人所得税《纳税记录》的表述有误的是：（   ）。

A. 个人所得税纳税人就税款所属期为 2019 年 1 月 1 日（含）以后缴（退）税情况申请开具证明的，税务机关为其开具个人所得税《纳税记录》，不再开具税收完税证明（文书式）

B. 纳税人自 2019 年 1 月 1 日以后取得个人所得税应税所得并由扣缴义务人向税务机关办理了全员全额扣缴申报，或根据税法规定自行向税务机关办理纳税申报并实际缴纳税款的，才可以申请开具个人所得税《纳税记录》

C. 纳税人可以通过电子税务局、手机 APP 申请开具本人的个人所得税《纳税记录》，也可到办税服务厅申请开具

D. 纳税人可以委托他人持下列证件和资料到办税服务厅代为开具个人所得税《纳税记录》：（1）委托人及受托人有效身份证件原件；（2）委托人书面授权资料

参考答案：B

4. 下列关于个人所得税《纳税记录》的表述有误的是：（   ）。

A. 纳税人对个人所得税《纳税记录》存在异议的，可以向该项记录中列明的税务机关申请核实

B. 税务机关提供两种个人所得税《纳税记录》验证服务：一是通过手机 APP 扫描个人所得税《纳税记录》中的二维码进行验证；二是通过自然人税收管理系统输入个人所得税《纳税记录》中的验证码进行验证

C. 个人所得税《纳税记录》因不同打印设备造成的色差，不影响使用效力

D. 个人所得税《纳税记录》可以用作纳税人记账、抵扣凭证

参考答案：D

5. 下列表述有误的是：（　　）。

A. 扣缴义务人代扣、代收税款后，已经向纳税人开具税法规定或国家税务总局认可的记载完税情况的其他凭证，不能再申请开具税收完税证明

B. 纳税人遗失已完税的各种税收票证（《出口货物完税分割单》、印花税票和《印花税票销售凭证》除外），需要重新开具的，可以申请开具税收完税证明

C. 自2019年6月1日起，纳税人在全国范围内办理车辆购置税纳税业务时，税务机关不再打印和发放纸质车辆购置税完税证明

D. 对于转开《税收完税证明》（表格式），证明内容不允许手工录入，需要从税收征管系统的缴款或退库记录中自动调取已成功办理业务的电子税票信息

参考答案：A

二、多选

1. 纳税人符合下列哪些情形之一的，可以申请开具税收完税证明：（　　）。

A. 通过横向联网电子缴税系统划缴税款到国库（经收处）后或收到从国库退还的税款后，当场或事后需要取得税收票证的

B. 扣缴义务人代扣、代收税款后，已经向纳税人开具税法规定或国家税务总局认可的记载完税情况的其他凭证，纳税人需要换开正式完税凭证的

C. 纳税人遗失已完税的各种税收票证（《出口货物完税分割单》、印花税票和《印花税票销售凭证》除外），需要重新开具的

D. 对纳税人特定期间完税情况出具证明的

E. 国家税务总局规定的其他需要为纳税人开具完税凭证的情形

参考答案：ABCDE

2. 下列表述正确的有：（　　）。

A. 纳税人遗失《出口货物完税分割单》、印花税票和《印花税票销售凭证》，可申请重新开具

B. 扣缴义务人未按规定为纳税人开具税收票证的，税务机关核实税款缴纳情况后，应当为纳税人开具税收完税证明（表格式）

C. 纳税人提供加盖开具单位的相关业务章戳并已注明扣收税款信息的"成交过户交割凭单"或"过户登记确认书"，可以向证券交易场所和证券登记结算机构所在地的主管税务机关申请出具《税收完税证明》

D. 纳税人通过横向联网电子缴税系统划缴税款到国库（经收处）后或收到从国库退还的税款后，可以申请开具税收完税证明

参考答案：BCD

3. 自 2021 年 7 月 1 日起，在全国范围内对 6 项税务证明事项实行告知承诺制。其中用于个人购买家庭唯一住房、第二套改善性住房，申报享受减征契税政策和棚户区被征收人首次购买改造安置住房，申报享受减征契税政策的证明事项包括：（　　）。

A. 出生医学证明、户口簿、结婚证（已婚的提供）等家庭成员信息证明

B. 家庭住房情况书面查询结果

C. 县级以上人民政府教育行政主管部门或劳动行政主管部门批准并核发的办学许可证

D. 分支机构审计报告

参考答案：AB

4. 自 2021 年 7 月 1 日起，在全国范围内对 6 项税务证明事项实行告知承诺制，下列属于实行告知承诺制的税务证明事项目录的有：（　　）。

A. 家庭住房情况书面查询结果

B. 县级以上人民政府教育行政主管部门或劳动行政主管部门批准并核发的办学许可证

C．分支机构审计报告

D．企业在境外享受税收优惠政策的证明或有关审计报告

E．相关部门核准企业股权变更事项证明资料

参考答案：ABCDE

5．下列关于告知承诺制的表述正确的有：（　　）。

A．对实行告知承诺制的税务证明事项，纳税人可以自主选择是否适用告知承诺制办理

B．选择适用告知承诺制办理的，税务机关以书面形式（含电子文本）将证明义务、证明内容、承诺方式以及不实承诺的法律责任一次性告知纳税人，纳税人书面承诺已经符合告知的相关要求并愿意承担不实承诺的法律责任，税务机关不再索要该事项需要的证明材料，并依据纳税人书面承诺办理相关税务事项

C．纳税人不选择适用告知承诺制的，应当提供该事项需要的证明材料

D．纳税人对承诺的真实性承担法律责任

参考答案：ABCD

6．下列关于告知承诺制的表述正确的有：（　　）。

A．税务机关在事中核查时发现核查情况与纳税人承诺不一致的，应要求纳税人提供相关佐证材料后再予办理

B．对在事中事后核查或者日常监管中发现承诺不实的，税务机关依法责令限期改正、进行处理处罚，并按照有关规定作出虚假承诺行为认定；涉嫌犯罪的，依法移送司法机关追究刑事责任

C．对重大税收违法失信案件当事人不适用告知承诺制，重大税收违法失信案件当事人履行相关法定义务，经实施检查的税务机关确认，在公布期届满后可以适用告知承诺制

D．其他纳税人存在曾作出虚假承诺情形的，在纠正违法违规行为或者履行相关法定义务之前不适用告知承诺制

参考答案：ABCD

7．下列表述正确的有：（　　）。

A．受托方代理委托方企业出口业务后，需在自货物报关出口之日起

至次年 4 月 15 日前向其主管税务机关申请开具《代理出口货物证明》，并及时转交给委托方

B. 补办出口退（免）税证明事项是指出口企业或其他单位丢失出口退税有关证明的，可以向原出具证明的税务机关提出书面申请补办

C. 纳税人申请开具《代理出口货物证明》时，报送简并优化后的《代理出口货物证明申请表》，停止报送纸质的《委托出口货物证明》

D. 纳税人发生退运或者需要修改、撤销出口货物报关单时，报送简并优化后的《出口货物已补税／未退税证明》，停止报送《退运已补税（未退税）证明申请表》

参考答案：ABCD

三、判断

1. 已实行实名办税的纳税人到主管税务机关申请开具《无欠税证明》的，办税人员应持有效身份证件和登记证照副本或税务登记证副本办理。　（　）

参考答案：×

【已实行实名办税的纳税人到主管税务机关申请开具《无欠税证明》的，办税人员持有效身份证件直接申请开具，无需提供登记证照副本或税务登记证副本。】

第七章　税务注销

	初级	中级	高级
税务注销	1. 熟悉税务注销的基本政策规定 2. 了解税务注销在商事制度改革当中的地位与作用，对纳税人提供准确的指引 3. 熟悉税务注销的类别，针对不同纳税人给予准确的引导 4. 熟悉清税申报的对象，准确引导纳税人办理相应手续 5. 对符合条件的纳税人提供即办处理、容缺服务、批量零申报、免报财务会计报表等服务措施 6. 掌握金三操作模块及流程，能准确、熟练办理，并落实清税申报的基本服务规范 7. 熟悉注销税务登记与清税申报的区别，对不同条件的纳税人提供针对性地服务与指引 8. 熟悉注销扣缴税款登记的情形、条件及具体的政策规定，对不同类型纳税人提供针对性的服务与指引 9. 落实税务注销事项基本服务规范	1. 熟悉税务注销在商事制度改革当中所处的地位与作用 2. 熟悉优化注销业务的各项规定并能够有效组织落实 3. 熟悉清税申报、注销税务登记、注销扣缴税款登记的政策规定、业务流程及疑难问题处置方法 4. 熟悉清税申报当中提供即办处理、容缺服务等服务的政策规定 5. 对一线工作人员具体操作情况进行跟踪，处理疑难事项 6. 熟悉注销税务登记与清税申报的区别 7. 熟悉注销扣缴税款登记的相关条件进行审核的具体方法	1. 掌握清税申报、注销税务登记和注销扣缴税款登记的相关政策规定的具体要求，熟悉业务办理相关规定 2. 掌握清税申报、注销税务登记和注销扣缴税款登记过程当中疑难问题的处置方法 3. 掌握各业务主管部门对相应扣缴税款登记注销的前置条件及审核方法

必懂复习策略

　　本章主要内容包括税务注销概述、清税申报、注销税务登记、注销扣缴税款登记等。其中清税申报和注销税务登记比较重要，应重点掌握。

　　关于清税申报，应熟悉清税申报的对象，重点掌握对符合条件的纳税人提供即办处理、容缺服务、批量零申报和免报财务会计报表等服务措施，并能掌握系统模块及流程。

　　关于注销税务登记，应注意与清税申报的区别，也能够掌握对符合条件的纳税人提供即办处理、容缺服务、批量零申报和免报财务会计报表等服务措施，掌握系统模块及流程。

　　初级考生学习侧重点应为基础知识，如注销具体服务措施等；中级考生学习侧重点应为具体规定，一般不考察具体系统操作等；高级考生学习侧重点应为各方面知识的综合运用。

必 会 核 心 知 识

　　■ 经人民法院裁定宣告破产的纳税人，持人民法院终结破产程序裁定书向税务机关申请税务注销的，税务机关即时出具清税文书，按照有关规定核销"死欠"。

　　■ 在人民法院裁定受理破产申请之日至企业注销之日期间，企业应当接受税务机关的税务管理，履行税法规定的相关义务。

　　■ 破产程序中如发生应税情形，从人民法院指定管理人之日起，管理人可以按照规定，以企业名义办理纳税申报等涉税事宜。

　　■ 税务注销，包括清税申报、注销税务登记、注销扣缴税款登记。

　　■ 已实行"一照一码"登记模式的纳税人向市场监督管理等部门申请办理注销登记前，须先向税务机关申报清税。清税完毕后，税务机关向纳税人出具《清税证明》，纳税人持《清税证明》到原登记机关办理注销。

　　■ 自 2019 年 7 月 1 日起，未办理过涉税事宜的纳税人，主动到税务机关办理清税的，税务机关可根据纳税人提供的营业执照即时出具清税文书。

　　■ 办理过涉税事宜但未领用发票、无欠税（滞纳金）及罚款的纳税人，主动到税务机关办理清税，资料齐全的，税务机关即时出具清税文书。

　　■ 税务机关根据企业经营规模、税款征收方式、纳税信用等级指标进行风险分析，对风险等级低的当场办结清税手续；对于存在疑点情况的，企业也可以提供税务中介服务机构出具的鉴证报告。

　　■ 对纳税人、扣缴义务人、纳税担保人应缴纳的欠税及滞纳金不再要求同时缴纳，可以先行缴纳欠税，再依法缴纳滞纳金。

　　■ 增值税一般纳税人税务注销 10 个工作日内办结；增值税小规模纳税人和其他纳税人税务注销 5 个工作日内办结。

　　■ 处于非正常状态纳税人在办理"一照一码"户清税申报前，需先解除非正常状态，补办申报纳税手续。

　　■ 纳税人办理"一照一码"户清税申报，无需向税务机关提出终止银税三方（委托）划缴协议。税务机关办结"一照一码"户清税申报后，银税三方（委托）划缴协议自动终止。

■ 将简易注销登记的适用范围拓展至未发生债权债务或已将债权债务清偿完结的市场主体（上市股份有限公司除外）。市场主体在申请简易注销登记时，不应存在未结清清偿费用、职工工资、社会保险费用、法定补偿金、应缴纳税款（滞纳金、罚款）等债权债务。全体投资人书面承诺对上述情况的真实性承担法律责任。

■ 向市场监管部门申请简易注销的纳税人，符合下列情形之一的，可免予到税务机关办理清税证明：（1）未办理过涉税事宜的；（2）办理过涉税事宜但未领用发票、无欠税（滞纳金）及罚款的。

■ 税务部门通过信息共享获取市场监管部门推送的拟申请简易注销登记信息后，应按照规定的程序和要求，查询税务信息系统核实相关涉税情况，对经查询系统显示为以下情形的纳税人，税务部门不提出异议：一是未办理过涉税事宜的纳税人，二是办理过涉税事宜但没领用过发票（含代开发票）、没有欠税和没有其他未办结事项的纳税人，三是查询时已办结缴销发票、结清应纳税款等清税手续的纳税人。

■ 营业执照和税务登记证"两证整合"改革实施后设立登记的个体工商户通过简易程序办理注销登记的，无需提交承诺书，也无需公示。个体工商户在提交简易注销登记申请后，市场监管部门应当在1个工作日内将个体工商户拟申请简易注销登记的相关信息通过省级统一的信用信息共享交换平台、政务信息平台、部门间的数据接口（统称信息共享交换平台）推送给同级税务等部门，税务等部门于10天（自然日）内反馈是否同意简易注销。对于税务等部门无异议的，市场监管部门应当及时办理简易注销登记。税务部门不提异议的情形与上条相关规定一致。

■ 对适用税务注销即办流程的纳税人，资料不齐的，税务机关可在纳税人作出承诺后采取"承诺制"容缺办理，即时出具清税文书。

■ 容缺办理税务注销的纳税人应按承诺的时限补齐资料，并办结相关事项。若未履行承诺的，税务机关将对其法定代表人、财务负责人纳入纳税信用D级管理。

■ 办理过涉税事宜但未领用发票、无欠税（滞纳金）及罚款的纳税人，主动到税务机关办理清税，资料齐全的，税务机关即时出具清税文书；资料不齐的，可采取"承诺制"容缺办理，在其作出承诺后，即时出具清税文书。

■ 对未处于税务检查状态、无欠税（滞纳金）及罚款、已缴销增值税专用发票及税控专用设备，且符合下列情形之一的纳税人，优化即时办结服务，采取"承诺制"容缺办理，即：纳税人在办理税务注销时，若资料不齐，可在其作出承诺后，税务机关即时出具清税文书。（1）纳税信用级别为A级和B级的纳税人；（2）控股母公司纳税信用级别为A级的M级纳税人；（3）省级人民政府引进人才或经省级以上行业协会等机构认定的行业领军人才等创办的企业；（4）未纳入纳税信用级别评价的定期定额个体工商户；（5）未达到增值税纳税起征点的纳税人。

■ 简化"零申报"资料报送，对处于非正常状态的纳税人在办理税务注销前，通过《批量零申报确认表》方式简化"零申报"，免于补报相应属期的财务会计报表。

■ 完善企业简易注销登记制度，提供简易注销预先提示服务，便于纳税人在公告期内自主办理。实现企业分支机构注销即办，对申请注销时未处于税务检查状态、无欠税（滞纳金）及罚款、已缴销发票和税控专用设备的企业分支机构，若由总机构汇总缴纳增值税、企业所得税，并且不就地预缴或分配缴纳增值税、企业所得税的，税务机关提供即时办结服务。

■ 已认定为非正常户的纳税人，就其逾期未申报行为接受处罚、缴纳罚款，并补办纳税申报的，税收征管系统自动解除非正常状态，无需纳税人专门申请解除。

■ 被调查企业在税务机关实施特别纳税调查调整期间申请注销税务登记的，税务机关在调查结案前原则上不予办理注销手续。

■ 纳税人办理注销税务登记，无需向税务机关提出终止银税三方（委托）划缴协议。税务机关办结"一照一码"户清税申报后，银税三方（委托）划缴协议自动终止。

■ 已办理信息报告的扣缴义务人发生解散、破产、撤销以及其他情形，依法终止纳税义务的，申报办理税务注销，不需申请，税务机关在办理税务注销时，注销扣缴税款登记。

■ 一般注销的办理流程为：受理—风险扫描—（风险应对）—核准—出件。

必考点检测训练

一、单选

1. 下列表述有误的是：（ ）。

    A. 对纳税人、扣缴义务人、纳税担保人应缴纳的欠税及滞纳金不再要求同时缴纳，可以先行缴纳欠税，再依法缴纳滞纳金

    B. 处于非正常状态纳税人在办理"一照一码"户清税申报前，需先解除非正常状态，补办申报纳税手续

    C. 增值税一般纳税人税务注销 15 个工作日内办结；增值税小规模纳税人和其他纳税人税务注销 10 个工作日内办结

    D. 纳税人办理"一照一码"户清税申报，无需向税务机关提出终止银税三方（委托）划缴协议。税务机关办结"一照一码"户清税申报后，银税三方（委托）划缴协议自动终止

参考答案：C

2. 下列表述有误的是：（ ）。

    A. 已认定为非正常户的纳税人，就其逾期未申报行为接受处罚、缴纳罚款，并补办纳税申报的，还需申请解除非正常

    B. 被调查企业在税务机关实施特别纳税调查调整期间申请注销税务登记的，税务机关在调查结案前原则上不予办理注销手续

    C. 纳税人办理注销税务登记，无需向税务机关提出终止银税三方（委托）划缴协议。税务机关办结"一照一码"户清税申报后，银税三方（委托）划缴协议自动终止

    D. 已办理信息报告的扣缴义务人发生解散、破产、撤销以及其他情形，依法终止纳税义务的，申报办理税务注销，不需申请，税务机关在办理税务注销时，注销扣缴税款登记

参考答案：A

二、多选

1. 下列表述正确的有：（ ）。

A. 经人民法院裁定宣告破产的纳税人，持人民法院终结破产程序裁定书向税务机关申请税务注销的，税务机关即时出具清税文书，按照有关规定核销"死欠"

B. 在人民法院裁定受理破产申请之日至企业注销之日期间，企业应当接受税务机关的税务管理，履行税法规定的相关义务

C. 破产程序中如发生应税情形，从人民法院指定管理人之日起，管理人可以按照规定，以企业名义办理纳税申报等涉税事宜

D. 主管税务机关应当在人民法院确定的债权申报期内向管理人申报破产企业所欠税款（含教育费附加、地方教育附加，下同）、滞纳金及罚款。因特别纳税调整产生的利息、由税务机关征收的社会保险费及非税收入也应一并申报

参考答案：ABCD

2. 下列表述正确的有：（ ）。

A. 已实行"一照一码"登记模式的纳税人向市场监督管理等部门申请办理注销登记前，须先向税务机关申报清税

B. 清税完毕后，税务机关向纳税人出具《清税证明》，纳税人持《清税证明》到原登记机关办理注销

C. 自 2019 年 7 月 1 日起，未办理过涉税事宜的纳税人，主动到税务机关办理清税的，税务机关可根据纳税人提供的营业执照即时出具清税文书

D. 办理过涉税事宜但未领用发票、无欠税（滞纳金）及罚款的纳税人，主动到税务机关办理清税，资料齐全的，税务机关即时出具清税文书

E. 税务机关根据企业经营规模、税款征收方式、纳税信用等级指标进行风险分析，对风险等级低的当场办结清税手续

参考答案：ABCDE

3．下列表述正确的有：（　　）。

　　A．将简易注销登记的适用范围拓展至未发生债权债务或已将债权债务清偿完结的市场主体（上市股份有限公司除外）

　　B．市场主体在申请简易注销登记时，不应存在未结清清偿费用、职工工资、社会保险费用、法定补偿金、应缴纳税款（滞纳金、罚款）等债权债务。全体投资人书面承诺对上述情况的真实性承担法律责任

　　C．营业执照和税务登记证"两证整合"改革实施后设立登记的个体工商户通过简易程序办理注销登记的，无需提交承诺书，也无需公示

　　D．个体工商户在提交简易注销登记申请后，市场监管部门应当在3个工作日内将个体工商户拟申请简易注销登记的相关信息通过省级统一的信用信息共享交换平台、政务信息平台、部门间的数据接口（统称信息共享交换平台）推送给同级税务等部门，税务等部门于15天（自然日）内反馈是否同意简易注销

　　E．对于税务等部门无异议的，市场监管部门应当及时办理简易注销登记

参考答案：ABCE

4．向市场监管部门申请简易注销的纳税人，符合下列哪些情形之一的，可免予到税务机关办理清税证明：（　　）。

　　A．未办理过涉税事宜的

　　B．办理过涉税事宜但未领用发票、无欠税（滞纳金）及罚款的

　　C．提交承诺书的

　　D．已办结缴销发票、结清应纳税款的

参考答案：AB

5．税务部门通过信息共享获取市场监管部门推送的拟申请简易注销登记信息后，应按照规定的程序和要求，查询税务信息系统核实相关涉税情况，对经查询系统显示为以下哪些情形的纳税人，税务部门不提出异议：（　　）。

　　A．未办理过涉税事宜的纳税人

　　B．办理过涉税事宜但没领用过发票（含代开发票）、没有欠税和没

有其他未办结事项的纳税人

C. 查询时已办结缴销发票、结清应纳税款等清税手续的纳税人

D. 提交承诺书的纳税人

参考答案：ABC

6. 下列表述正确的有：（ ）。

A. 办理过涉税事宜但未领用发票、无欠税（滞纳金）及罚款的纳税人，主动到税务机关办理清税，资料齐全的，税务机关即时出具清税文书

B. 对适用税务注销即办流程的纳税人，资料不齐的，税务机关可在纳税人作出承诺后，采取"承诺制"容缺办理，即时出具清税文书

C. 容缺办理税务注销的纳税人应按承诺的时限补齐资料，并办结相关事项

D. 若未履行承诺的，税务机关将对其法定代表人、财务负责人纳入纳税信用 D 级管理

参考答案：ABCD

7. 对未处于税务检查状态、无欠税（滞纳金）及罚款、已缴销增值税专用发票及税控专用设备，且符合下列哪些情形之一的纳税人，优化即时办结服务，采取"承诺制"容缺办理，即：纳税人在办理税务注销时，若资料不齐，可在其作出承诺后，税务机关即时出具清税文书。（ ）

A. 纳税信用级别为 A 级和 B 级的纳税人

B. 控股母公司纳税信用级别为 A 级的 M 级纳税人

C. 省级人民政府引进人才或经省级以上行业协会等机构认定的行业领军人才等创办的企业

D. 未纳入纳税信用级别评价的定期定额个体工商户

E. 未达到增值税纳税起征点的纳税人

参考答案：ABCDE

三、判断

1. 实现企业分支机构注销即办，对申请注销时未处于税务检查状态、无欠税（滞纳金）及罚款、已缴销发票和税控专用设备的企业分支机构，就地预缴或分配缴纳增值税、企业所得税的，税务机关提供即时办结服务。 （ ）

参考答案：×

【实现企业分支机构注销即办，对申请注销时未处于税务检查状态、无欠税（滞纳金）及罚款、已缴销发票和税控专用设备的企业分支机构，若由总机构汇总缴纳增值税、企业所得税，并且不就地预缴或分配缴纳增值税、企业所得税的，税务机关提供即时办结服务。】

2. 简化"零申报"资料报送，对处于非正常状态的纳税人在办理税务注销前，通过《批量零申报确认表》方式简化"零申报"，免于补报相应属期的财务会计报表。 （ ）

参考答案：√

第八章 纳税人权益保护与纳税信用管理

必知考试大纲

	初级	中级	高级
第一节 纳税人权利与义务	1. 了解纳税服务权益保护的意义，了解征纳双方法律地位平等的理念 2. 熟悉纳税服务权益保护的基础，了解纳税人权利与义务的基本内容，掌握保障纳税人权利、帮助纳税人履行义务的工作要求	1. 熟悉建立纳税人权益保护工作岗责体系，协调不同部门和岗位人员在纳税人权益保护工作方面的职责与任务 2. 对落实纳税人权利保障、帮助纳税人履行纳税义务的各项举措执行情况进行督促落实	1. 掌握纳税人权利与义务的法律实质，掌握纳税人权益保护的基础，逐步健全纳税人权益保护机制 2. 统筹纳税服务权益保障保障，提升权益保护工作质效
第二节 纳税人缴费人需求管理与满意度调查管理	1. 了解纳税人缴费人需求管理的工作原则，掌握纳税人需求征集对象、类型、方式 2. 了解纳税人缴费人需求征集渠道和方式，了解处理纳税人一般涉税需求和复杂涉税需求的工作时限 3. 了解纳税人缴费人需求资料保存期限，按照要求对资料归档 4. 了解纳税人缴费人满意度的重要意义，掌握纳税人满意度的调查类型和调查方式 5. 了解纳税人缴费人满意度相关指标的构成，熟悉指标对应的工作内容	1. 结合纳税人缴费人需求的分析评估，掌握需求管理的结果应用 2. 分析纳税人缴费人需求管理的响应机制，协调各相关部门重点做好职责范围内的需求深度分析和响应办理工作 3. 熟悉纳税人缴费人满意度调查评分标准，安排纳税人满意度调查相关工作的组织与落实 4. 熟悉各项优化纳税人缴费人满意度调查的相关工作要求，促进各项工作举措的有效落实	1. 分析、评价纳税人缴费人需求分类的细化指标，进一步完善和优化需求管理的指标 2. 掌握纳税人缴费人需求的分析评估，统筹运用需求管理的结果，提出改进工作、优化服务的意见和建议 3. 掌握纳税人缴费人满意度的要求，统筹相关组织实施工作 4. 根据纳税人缴费人满意度调查的结果，研究整改措施 5. 结合工作实际，评价提高纳税人缴费人满意度举措的实施 情况

续表

	初级	中级	高级
第三节 纳税人缴费人诉求与舆情管理	1. 了解纳税人缴费人诉求与舆情管理的工作原则，掌握纳税人诉求与舆情收集的对象、类型、方式 2. 了解纳税人缴费人诉求征集渠道和方式，了解处理纳税人涉税诉求与舆情的工作时限 3. 了解纳税人缴费人诉求与舆情资料保存期限	1. 结合纳税人缴费人诉求与舆情的分析评估，掌握其结果应用 2. 分析纳税人缴费人诉求与舆情管理的响应机制，协调各相关部门重点做好职责范围内的诉求与舆情深度分析和响应办理工作	分析、评价并进一步完善和优化纳税人诉求与舆情的应对指标
第四节 纳税人涉税信息查询	1. 熟悉社会公众涉税公开信息查询的范围和程序，熟悉纳税人向税务机关申请书面查询以及委托他人代为申请书面查询需要报送的资料 2. 熟悉纳税人涉税保密信息的具体内容，熟悉应当向外部门、社会公众或个人提供的信息内容 3. 熟悉第三方涉税保密信息的内部管理和外部查询的具体规定和相关操作要求	1. 熟悉涉税信息披露、提供和查询程序，熟悉涉税信息查询结果异议处理 2. 熟悉向外部单位提供资料和开放信息系统查询权限，熟悉相关工作要求，确保涉税信息安全	1. 掌握涉税信息保密工作要求，熟悉涉税保密信息的责任追究 2. 加强纳税人涉税信息查询工作的指导，向有关部门提出合理化意见与建议
第五节 纳税服务投诉处理	1. 了解纳税服务投诉的原则，掌握纳税服务投诉的具体范围，熟悉不属于纳税服务投诉的具体情形 2. 了解纳税服务投诉的具体方式，掌握税务机关即时办结、3个工作日内办结的具体情形 3. 熟悉纳税服务投诉事项登记制度及具体登记内容的规定，熟练操作信息系统操作模块及流程，能准确、熟练办理 4. 落实纳税服务投诉事项基本服务规范	1. 熟悉纳税服务投诉的调查的规定，掌握调查的一般流程 2. 熟悉纳税服务投诉的处理流程与规定，掌握应当终结调查的具体情形 3. 了解纳税服务投诉调查环节的具体规定，掌握不予受理的具体情形 4. 分析纳税服务投诉的结果反馈，熟悉各类调查和处理的工作时限，确保纳税服务投诉按时完成	1. 加强纳税服务投诉工作的监督，从规范流程、强化监督角度上不断提高纳税服务投诉处理质效 2. 掌握纳税服务投诉工作的各项要求，向有关部门提出合理化意见与建议，促进服务规范持续升级

	初级	中级	高级
第六节 纳税人法律救济	1. 了解申请行政复议、提起行政诉讼、请求国家赔偿三种救济形式，了解纳税人的法律救济权利 2. 了解税务行政复议的受理范围，了解行政复议和行政诉讼的区别，掌握二者的效力范围 3. 了解纳税人听证权利的情形，熟悉提出书面听证的时限和具体内容	1. 熟悉纳税人法律救济的途径，掌握纳税人法律救济的程序 2. 熟悉税务行政诉讼的起诉和受理，掌握纳税人、扣缴义务人等税务管理相对人在提起税务行政诉讼时符合的具体条件 3. 熟悉国家赔偿的具体范围，掌握国家不承担行政赔偿责任的具体情形	1. 掌握纳税人权益保护组织构建的方式方法，加大纳税人权利与义务宣传力度，提高纳税人税法遵从度 2. 加强纳税人法律救济的指导，改正工作不足，优化工作举措
第七节 纳税信用管理基本内容	1. 了解纳税信用管理的定义和工作内容 2. 了解纳税信用信息的基本内容、分类和区别 3. 了解纳税信用评价的方式	1. 熟悉纳税信用信息的构成 2. 熟悉纳税信用评价的岗责要求，应用评价程序，指导评价工作实施	1. 掌握社会信用信息体系建设框架的构建机制及相关工作要求，综合统筹纳税信用评价实施流程，协调各部门推进评价工作开展 2. 分析纳税信用管理信息化程度，探索推动信用系统建设
第八节 纳税信用评价	1. 了解纳税信用评价的适用范围、评价周期、级别设定等，能向纳税人说明评价情况的对应级别 2. 熟悉纳税信用补评、复评、复核、修复的受理程序、资料及时限，指引纳税人按需提出申请 3. 了解纳税信用评价结果的确定和发布时间，查询方式	1. 熟悉纳税信用评价的方法，指标分类及扣分标准，掌握年度指标得分、直接判级的方式，做好各部门沟通和协调工作 2. 熟悉信用评价结果确定和发布责任、范围，熟悉分级分类依法有序开放的规定 3. 熟悉相关规定指导信用复评、补评、复核、修复等工作，落实纳税信用级别动态调整	1. 掌握各部门职责，综合统筹纳税信用发布、补复评、修复等动态调整工作 2. 通过对数据分析运用，统筹纳税信用级别管理工作，构建以信用为基础的新型税收监管机制 3. 健全完善纳税信用管理制度，推动纳税信用评价结果更为全面客观反映纳税人信用状况，不断提升纳税信用评价质效
第九节 纳税信用评价结果的应用	1. 了解纳税信用评价结果在税务系统内部的应用，了解守信激励和失信惩戒措施，特别是"黑名单"信息在纳税信用管理中的应用	1. 熟悉纳税信用评价结果在税务系统内部的应用，熟悉守信联合激励措施，对不同信用级别的纳税人实施分类服务和管理	1. 掌握纳税信用结果在税收管理奖惩措施的制定要求，探索制定更具突破性的奖惩措施

续表

	初级	中级	高级
第十节 社会信用 体系建设	1. 了解社会信用体系建设发展历程及发展现状 2. 了解纳税信用评价结果的跨部门应用，了解"银税互动"工作机制和运行模式 3. 了解"双公示"的工作要求和工作程序	1. 熟悉守信联合激励和失信联合惩戒措施，了解联合激励和惩戒单位，落实奖惩举措 2. 了解守信联合激励措施，熟悉"银税互动"产品运行模式 3. 了解纳税信用治理的现状及其产生的积极作用、不足及原因分析	1. 推动纳税信用评价结果的社会化应用，深度融入社会信用体系建设 2. 分析纳税信用管理和社会体系建设工作的内在联系，当前工作难点和未来的工作内容方向

必 懂 复 习 策 略

本章包括纳税人权益保护和纳税信用管理两部分内容，其中纳税服务投诉处理和纳税信用评价及相关内容比较重要，应重点掌握。

关于纳税服务投诉处理，应掌握纳税服务投诉的具体范围，熟悉不属于纳税服务投诉的情形，应重点掌握纳税服务投诉处理即时办结和 3 个工作日办结的具体情形等。

关于纳税信用评价及相关内容，应熟悉纳税信用评价的适用范围、级别设定，掌握具体评价规则，还应掌握纳税信用评价补评、复评的具体情况和受理程序，并熟悉纳税信用评价结果的应用。

初级考生学习侧重点应为基础知识，如投诉处理、纳税信用评价具体规定等；中级考生学习侧重点应为具体规定及岗责要求等；高级考生学习侧重点应为各方面知识的综合运用和相关领域的推动发展。

必会核心知识

■ 中共中央办公厅、国务院办公厅印发的《关于进一步深化税收征管改革的意见》指出：维护纳税人缴费人合法权益。完善纳税人缴费人权利救济和税费争议解决机制，畅通诉求有效收集、快速响应和及时反馈渠道。探索实施大企业税收事先裁定并建立健全相关制度。健全纳税人缴费人个人信息保护等制度，依法加强税费数据查询权限和留痕等管理，严格保护纳税人缴费人及扣缴义务人的商业秘密、个人隐私等，严防个人信息泄露和滥用等。税务机关和税务人员违反有关法律法规规定、因疏于监管造成重大损失的，依法严肃追究责任。

■ 纳税人权利有 14 项，具体包括知情权、保密权、税收监督权、纳税申报方式选择权、申请延期申报权、申请延期缴纳税款权、申请退还多缴税款权、依法享受税收优惠权、委托税务代理权、陈述与申辩权、对未出示税务检查证和税务检查通知书的拒绝检查权、税收法律救济权、依法要求听证的权利、索取有关税收凭证的权利。

■ 纳税人的义务包括 10 项：依法进行税务登记的义务；依法设置账簿、保管账簿和有关资料以及依法开具、使用、取得和保管发票的义务；财务会计制度和会计核算软件备案的义务；按照规定安装、使用税控装置的义务；按时、如实申报的义务；按时缴纳税款的义务；代扣、代收税款的义务；接受依法检查的义务；及时提供信息的义务；报告其他涉税信息的义务。

■ 税费服务需求管理遵循"依法服务、精准科学、统筹协同、自愿参与"的工作原则。

■ 税务机关可以按地域、规模、行业等要素选择有代表性的纳税人开展定向征集，也可以根据工作需要向全体纳税人开展非定向征集。

■ 纳税人通过网站、局长信箱、"互联网＋税务督查"、热线、微信、微博及办税服务厅等线上线下渠道，采取口头、书面等方式向税务机关提出的各类税费服务需求。

■ 各级税务机关纳税服务部门统筹纳税人需求管理工作。主要职责：

（1）纳税人需求管理制度建设；（2）提出纳税人需求管理系统建设的业务需求；（3）组织实施纳税人需求征集；（4）纳税人需求管理的组织、协调、监督考核及机制建设；（5）归集分析纳税人需求，并提出改进建议。

■　各级税务机关应当及时有效地响应纳税人需求事项：（1）对纳税人提出的合理合法需求，在规定时限内处理反馈。暂不能响应的，建立专项台账，并联系纳税人说明情况理由，待条件具备时，主动采取措施予以响应；（2）对违反法律、法规、规章有关规定等非合理合法需求，税务机关不予响应，并向纳税人做好沟通解释；（3）对超出本级职责范围的纳税人需求，报上级税务机关协调办理。不属于税务机关工作范围的，及时告知、引导纳税人通过其他渠道反映。上级税务机关认为下级税务机关应当办理而未办理的，可以责令其办理。上级税务机关认为有必要的，可以直接办理应当由下级税务机关办理的纳税人需求。

■　各级税务机关应当在规定时限内按照需求响应策略，将处理情况反馈纳税人：（1）对涉及税收政策、征管流程明确的一般涉税需求，需求响应部门应当在收到需求后的 15 个工作日内办结；（2）对涉及事项需跨区域、多部门协同办理的复杂涉税需求，需求响应部门应当在收到需求后的 30 个工作日内办结；（3）确因情况复杂不能按期办结的，经纳税服务部门或者牵头办理部门负责人批准，可以适当延长办理期限，并向纳税人说明原因。

■　纳税人满意度调查的类型包括：全面调查、专项调查、日常调查。

■　社会公众可以通过报刊、网站、信息公告栏等公开渠道查询税收政策、重大税收违法案件信息、非正常户认定信息等依法公开的涉税信息。

■　纳税人可以通过网站、客户端软件、自助办税终端等渠道，经过有效身份认证和识别，自行查询税费缴纳情况、纳税信用评价结果、涉税事项办理进度等自身涉税信息。

■　申请对纳税人涉税保密信息进行的查询应在职责范围内予以支持。具体包括：（1）人民法院、人民检察院和公安机关根据法律规定进行的办案查询；（2）纳税人对自身涉税信息的查询；（3）抵押权人、质权人请求税务机关提供纳税人欠税有关情况的查询。

■　各级税务机关纳税服务部门是纳税服务投诉的主管部门，负责纳税服务投诉的接收、受理、调查、处理、反馈等事项。需要其他部门配合的，由纳税服务部门进行统筹协调。

■ 纳税服务投诉包括：对税务机关工作人员服务言行进行的投诉；对税务机关及其工作人员服务质效进行的投诉；对税务机关及其工作人员在履行纳税服务职责过程中侵害其合法权益的行为进行的其他投诉。

■ 对服务言行的投诉包括：（1）税务机关工作人员的服务用语不符合文明服务规范要求的；（2）税务机关工作人员的行为举止不符合文明服务规范要求的。

■ 对税务机关及其工作人员未准确掌握税收法律法规等相关规定，导致纳税人应享受未享受税收优惠政策的投诉属于对服务质效的投诉。

■ 对税务机关及其工作人员未按规定落实首问责任、一次性告知、限时办结、办税公开等纳税服务制度的投诉属于对服务质效的投诉。

■ 对税务机关及其工作人员未按办税事项"最多跑一次"服务承诺办理涉税业务的投诉属于对服务质效的投诉。

■ 对税务机关未能向纳税人提供便利化办税渠道的投诉属于对服务质效的投诉。

■ 对税务机关及其工作人员擅自要求纳税人提供规定以外资料的投诉属于对服务质效的投诉。

■ 对税务机关及其工作人员违反规定强制要求纳税人出具涉税鉴证报告，违背纳税人意愿强制代理、指定代理的投诉属于对服务质效的投诉。

■ 违反法律、法规、规章有关规定的不属于纳税服务投诉的范围。

■ 针对法律、法规、规章和规范性文件规定进行投诉的不属于纳税服务投诉的范围。

■ 超出税务机关法定职责和权限的不属于纳税服务投诉的范围。

■ 税务机关收到投诉后应于1个工作日内决定是否受理，并按照"谁主管、谁负责"的原则办理或转办。

■ 对服务言行类投诉，自受理之日起5个工作日内办结。

■ 服务质效类、其他侵害纳税人合法权益类投诉，自受理之日起10个工作日内办结。

■ 属于下列情形的，税务机关应快速处理，自受理之日起3个工作日内办结：（1）税务机关及其工作人员未准确掌握税收法律法规等相关规定，导致纳税人应享受未享受税收优惠政策的；（2）自然人纳税人提出的个人所得税服务投诉；（3）自然人缴费人提出的社会保险费和非税收入征缴服务投诉；（4）涉及其他重大政策落实的服务投诉。

■ 纳税服务投诉因情况复杂不能按期办结的，经受理税务机关纳税服务部门负责人批准，可适当延长办理期限，最长不得超过10个工作日，同时向转办部门进行说明并向投诉人做好解释。

■ 调查纳税服务投诉事项，应当由两名以上工作人员参加。一般流程为：（1）核实情况；（2）沟通调解；（3）提出意见。

■ 投诉人认为处理结果显失公正的，可向上级税务机关提出复核申请。上级税务机关自受理之日起，10个工作日内作出复核意见。

■ 属于下列情形的，税务机关可即时处理：（1）纳税人当场提出投诉，事实简单、清楚，不需要进行调查的；（2）一定时期内集中发生的同一投诉事项且已有明确处理意见的。

■ 纳税人的同一投诉事项涉及两个以上税务机关的，应当由首诉税务机关牵头协调处理。首诉税务机关协调不成功的，应当向上级税务机关申请协调处理。

■ 纳税服务投诉调查过程中发生下列情形之一的，应当终结调查，并向纳税人说明理由：投诉事实经查不属于纳税服务投诉事项的；投诉内容不具体；无法联系投诉人或者投诉人拒不配合调查，导致无法调查核实的；投诉人自行撤销投诉，经核实确实不需要进一步调查的；已经处理反馈的投诉事项，投诉人就同一事项再次投诉，没有提供新证据的；调查过程中发现不属于税务机关职责范围的。

■ 优化纳税服务投诉管理。建立和完善税务机关对纳税人、缴费人咨询、投诉、举报等涉税涉费诉求的多渠道接收、快速转办、限时响应、结果回访、跟踪监督、绩效考评机制。

■ 纳税人可以通过网络、电话、信函或者当面等方式提出投诉。

■ 纳税人对纳税服务的投诉，可以向本级税务机关提交，也可以向其上级税务机关提交。

■ 纳税人通过电话或者当面方式提出投诉的，税务机关在告知纳税人的情况下可以对投诉内容进行录音或者录像。

■ 已就具体行政行为申请税务行政复议或者提起税务行政诉讼，但具体行政行为存在不符合文明规范言行问题的，可就该问题单独向税务机关进行投诉。

■ 对税务机关已经处理完毕且经上级税务机关复核的相同投诉事项再次投诉的，税务机关不予受理。

■ 对税务机关依法、依规受理，且正在办理的服务投诉再次投诉的，税务机关不予受理。

■ 上级税务机关认为下级税务机关应当受理投诉而不受理或者不予受理的理由不成立的，可以责令其受理。

■ 上级税务机关认为有必要的，可以直接受理应由下级税务机关受理的纳税服务投诉。

■ 税务机关调查人员与投诉事项或者投诉人、被投诉人有利害关系的，应当回避。

■ 税务行政复议的申请人，可以书面申请，也可以口头申请；口头申请的，复议机关应当当场记录申请人的基本情况、行政复议请求、申请行政复议的主要事实、理由和时间。

■ 申请人可以在知道税务机关作出具体行政行为之日起60日内提出行政复议申请。因不可抗力或者被申请人设置障碍等原因耽误法定申请期限的，税务行政复议申请期限的计算应当扣除被耽误时间。

■ 纳税信用管理适用于已办理税务登记并从事生产、经营的独立核算企业，其中，个人独资企业和个人合伙企业的个人所得税征收方式为查账征收。

■ 自2018年4月1日起，新增下列企业参与纳税信用评价：（1）从首次在税务机关办理涉税事宜之日起时间不满一个评价年度的企业。评价年度是指公历年度，即1月1日至12月31日。（2）评价年度内无生产经营业务收入的企业。（3）适用企业所得税核定征收办法的企业。

■ 纳税信用信息包括纳税人信用历史信息、税务内部信息、外部信息三部分。

■ 纳税信用评价采取年度评价指标得分和直接判级方式。

■ 纳税信用评价指标包括税务内部信息和外部评价信息。

■ 纳税信用直接判级适用于有严重失信行为的纳税人。

■ 年度评价指标得分采取扣分方式。自开展 2020 年度评价时起，调整纳税信用评价计分方法中的起评分规则。近三个评价年度内存在非经常性指标信息的，从 100 分起评；近三个评价年度内没有非经常性指标信息的，从 90 分起评。

■ 自开展 2019 年度评价时起，调整税务机关对 D 级纳税人采取的信用管理措施。对于因评价指标得分评为 D 级的纳税人，次年由直接保留 D 级评价调整为评价时加扣 11 分；税务机关应按照规定在 2020 年 11 月 30 日前调整其 2019 年度纳税信用级别，2019 年度以前的纳税信用级别不作追溯调整。对于因直接判级评为 D 级的纳税人，维持 D 级评价保留 2 年、第 3 年纳税信用不得评价为 A 级。

■ 纳税信用评价周期为一个纳税年度。

■ 因涉嫌税收违法被立案查处尚未结案的，不参加本期的评价。

■ 被审计、财政部门依法查出税收违法行为，税务机关正在依法处理，尚未办结的，不参加本期的评价。

■ 已申请税务行政复议、提起行政诉讼尚未结案的，不参加本期的评价。

■ 纳税信用级别设 A、B、M、C、D 五级。

■ A 级纳税信用为年度评价指标得分 90 分以上的；B 级纳税信用为年度评价指标得分 70 分以上不满 90 分的；C 级纳税信用为年度评价指标得分 40 分以上不满 70 分的；D 级纳税信用为年度评价指标得分不满 40 分或者直接判级确定的。

■ 未发生《纳税信用管理办法（试行）》第二十条所列失信行为的下列企业适用 M 级纳税信用：（1）新设立企业；（2）评价年度内无生产经营业务收入且年度评价指标得分 70 分以上的企业。

■ 有下列情形之一的纳税人，本评价年度不能评为 A 级：（1）实际生产经营期不满 3 年的；（2）上一评价年度纳税信用评价结果为 D 级的；（3）因非正常原因，一个评价年度内增值税或营业税连续 3 个月或者累计 6 个月零申报、负申报的；（4）不能按照国家统一的会计制度规定设置账簿，并根据合法、有效凭证核算，向税务机关提供准确税务资料的。

■ 有下列情形之一的纳税人，本评价年度直接判为 D 级：

（一）存在逃避缴纳税款、逃避追缴欠税、骗取出口退税、虚开增值税专用发票等行为，经判决构成涉税犯罪的；

（二）存在前项所列行为，未构成犯罪，但偷税（逃避缴纳税款）金额 10 万元以上且占各税种应纳税总额 10% 以上，或者存在逃避追缴欠税、骗取出口退税、虚开增值税专用发票等税收违法行为，已缴纳税款、滞纳金、罚款的；

（三）在规定期限内未按税务机关处理结论缴纳或者足额缴纳税款、滞纳金和罚款的；

（四）以暴力、威胁方法拒不缴纳税款或者拒绝、阻挠税务机关依法实施税务稽查执法行为的；

（五）存在违反增值税发票管理规定或者违反其他发票管理规定的行为，导致其他单位或者个人未缴、少缴或者骗取税款的；

（六）提供虚假申报材料享受税收优惠政策的；

（七）骗取国家出口退税款，被停止出口退（免）税资格未到期的；

（八）有非正常户记录或者由非正常户直接责任人员注册登记或者负责经营的；直接责任人包括：法定代表人（负责人）、财务负责人、出纳以及作为企业正式职员的财务人员、办税人员等；

（九）由 D 级纳税人的直接责任人员注册登记或者负责经营的；

（十）存在税务机关依法认定的其他严重失信情形的。

■ 因税务检查等发现纳税人以前评价年度存在直接判为 D 级情形的，主管税务机关应调整其相应评价年度纳税信用级别为 D 级，并记录动态调整信息，该 D 级评价不保留至下一年度。

■ 纳税信用信息的发布主要有四种渠道：社会共享、政务共享、有限共享和依申请查询。

■ 每年 4 月确定上一年度纳税信用评价结果，并向社会公布年度纳税信用 A 级纳税人名单。

■ 纳税人因《纳税信用管理办法（试行）》第十七条第三、四、五项所列情形解除，或对当期未予评价有异议的，可填写《纳税信用补评申请表》，向主管税务机关申请补充纳税信用评价。《纳税信用管理办法（试行）》第十七条：（三）因涉嫌税收违法被立案查处尚未结案的；（四）被审计、财政部门依法查出税收违法行为，税务机关正在依法处理，尚未办结的；（五）已申请税务行政复议、提起行政诉讼尚未结案的。

■ 自 2020 年 1 月 1 日起，纳入纳税信用管理的企业纳税人，符合下列条件之一的，可在规定期限内向主管税务机关申请纳税信用修复：（1）纳税人发生未按法定期限办理纳税申报、税款缴纳、资料备案等事项且已补办的；（2）未按税务机关处理结论缴纳或者足额缴纳税款、滞纳金和罚款，未构成犯罪，纳税信用级别被直接判为 D 级的纳税人，在税务机关处理结论明确的期限期满后 60 日内足额缴纳、补缴的；（3）纳税人履行相应法律义务并由税务机关依法解除非正常户状态的。

■ 非正常户失信行为纳税信用修复在一个纳税年度内只能申请一次。纳税信用修复后纳税信用级别不再为 D 级的纳税人，其直接责任人注册登记或者负责经营的其他纳税人之前被关联为 D 级的，可向主管税务机关申请解除纳税信用 D 级关联。

■ 自 2022 年 1 月 1 日起，符合下列条件之一的纳税人，可向主管税务机关申请纳税信用修复：（一）破产企业或其管理人在重整或和解程序中，已依法缴纳税款、滞纳金、罚款，并纠正相关纳税信用失信行为的。（二）因确定为重大税收违法失信主体，纳税信用直接判为 D 级的纳税人，失信主体信息已按照国家税务总局相关规定不予公布或停止公布，申请前连续 12 个月没有新增纳税信用失信行为记录的。（三）由纳税信用 D 级纳税人的直接责任人员注册登记或者负责经营，纳税信用关联评价为 D 级的纳税人，申请前连续 6 个月没有新增纳税信用失信行为记录的。（四）因其他失信行为纳税信用直接判为 D 级的纳税人，已纠正纳税信用失信行为、履行税收法律责任，申请前连续 12 个月没有新增纳税信用失信行为记录的。（五）因上一年度纳税信用直接判为 D 级，本年度纳税信用保留为 D 级的纳税人，已纠正纳税信用失信行为、履行税收法律责任或失信主体信息已按照国家税务总局相关规定不予公布或停止公布，申请前连续 12 个月没有新增纳税信用失信行为记录的。

■ 自 2021 年度纳税信用评价起，税务机关按照"首违不罚"的相关规定对纳税人不予行政处罚的，相关记录不纳入纳税信用评价。

■ 纳税人对纳税信用评价结果有异议，可在纳税信用评价结果确定的当年内书面向主管税务机关申请复核。纳税人应于 12 月 31 日前申请上一年度评价结果复评。

■ 主管税务机关确认是否符合复评条件，不予复评的应告知纳税人不予复评的原因，符合复评条件的按规定开展复评工作。办税服务厅向纳税人反馈纳税信用复评信息或提供复评结果的自我查询服务。税务机关按月发布复评产生的 A 级纳税人变动情况。本事项应在 15 个工作日内办结。

■ 纳税人对指标评价情况有异议的，可在评价年度次年 3 月份填写《纳税信用复评（核）申请表》，向主管税务机关提出复核，主管税务机关在开展年度评价时审核调整，并随评价结果向纳税人提供复核情况的自我查询服务。

■ 对 A 级纳税人的激励措施：（1）主动向社会公告年度 A 级纳税人名单；（2）一般纳税人可单次领取 3 个月的增值税发票用量，需要调整增值税发票用量时即时办理；（3）普通发票按需领用。

■ 连续 3 年被评为 A 级信用级别的纳税人，除享受规定措施外，还可以由税务机关提供绿色通道或专门人员帮助办理涉税事项。

■ 纳税信用级别为 B 级和 B 级以上，是评定出口企业管理类别一类的必要条件。

■ 对纳税信用评价为 M 级的企业，税务机关实行下列激励措施：税务机关适时进行税收政策和管理规定的辅导。

■ 自 2020 年 1 月 1 日起，纳税人享受增值税即征即退政策，有纳税信用级别条件要求的，以纳税人申请退税税款所属期的纳税信用级别确定。

■ 自 2020 年 1 月 1 日起，纳税人适用增值税留抵退税政策，有纳税信用级别条件要求的，以纳税人向主管税务机关申请办理增值税留抵退税提交《退（抵）税申请表》时的纳税信用级别确定。

■ 在全面推行实名办税缴费制度的基础上，实行纳税人缴费人动态信用等级分类和智能化风险监管，既以最严格的标准防范逃避税，又避免影响企业正常生产经营。健全以"数据集成＋优质服务＋提醒纠错＋依法查处"为主要内容的自然人税费服务与监管体系。依法加强对高收入高净值人员的税费服务与监管。

■ 与银保监部门和银行业金融机构合作，将纳入"银税互动"范围的企业在纳税信用 A 级、B 级企业基础上扩大至 M 级企业。

■ 重大税收违法案件当事人为自然人的，惩戒的对象为当事人本人。

■ 重大税收违法案件当事人为企业的，惩戒的对象为企业及其法定代表人、负有直接责任的财务负责人。

■ 重大税收违法案件当事人为其他经济组织的，惩戒的对象为其他经济组织及其负责人、负有直接责任的财务负责人。

■ 重大税收违法案件当事人为负有直接责任的中介机构及从业人员的，惩戒的对象为中介机构及其法定代表人或负责人，以及相关从业人员。

必考点检测训练

一、单选

1. 各级税务机关应当在规定时限内，按照需求响应策略，将处理情况反馈给纳税人。下列时限有误的是：（　　）。

    A. 对涉及税收政策、征管流程明确的一般涉税需求，需求响应部门应当在收到需求后的 10 个工作日内办结

    B. 对涉及税收政策、征管流程明确的一般涉税需求，需求响应部门应当在收到需求后的 15 个工作日内办结

    C. 对涉及事项需跨区域、多部门协同办理的复杂涉税需求，需求响应部门应当在收到需求后的 30 个工作日内办结

    D. 确因情况复杂不能按期办结的，经纳税服务部门或者牵头办理部门负责人批准，可以适当延长办理期限，并向纳税人说明原因

参考答案：A

2. 纳税人满意度调查的类型不包括：（　　）。

    A. 全面调查　　　　　　　　B. 专项调查

    C. 日常调查　　　　　　　　D. 事后调查

参考答案：D

3. 纳税服务投诉不包括：（　　）。

   A. 对税务机关工作人员服务言行进行的投诉

   B. 对税务机关及其工作人员服务质效进行的投诉

   C. 对税务机关及其工作人员在履行纳税服务职责过程中侵害其合法权益的行为进行的其他投诉

   D. 针对法律、法规、规章和规范性文件规定进行的投诉

   参考答案：D

4. 下列属于对服务质效投诉的有：（　　）。

   （1）对税务机关及其工作人员未准确掌握税收法律法规等相关规定，导致纳税人应享受未享受税收优惠政策的投诉

   （2）对税务机关及其工作人员未按规定落实首问责任、一次性告知、限时办结、办税公开等纳税服务制度的投诉

   （3）对税务机关及其工作人员未按办税事项"最多跑一次"服务承诺办理涉税业务的投诉

   （4）对税务机关未能向纳税人提供便利化办税渠道的投诉

   （5）对税务机关及其工作人员擅自要求纳税人提供规定以外资料的投诉

   （6）对税务机关及其工作人员违反规定强制要求纳税人出具涉税鉴证报告，违背纳税人意愿强制代理、指定代理的投诉

   A. （1）（2）（3）（5）（6）

   B. （1）（2）（3）（4）（5）

   C. （1）（2）（3）（4）（6）

   D. （1）（2）（3）（4）（5）（6）

   参考答案：D

5. 下列关于纳税服务投诉的表述有误的是：（　　）。

   A. 税务机关收到投诉后应于1个工作日内决定是否受理，并按照"谁主管、谁负责"的原则办理或转办

   B. 对服务言行类投诉，自受理之日起5个工作日内办结

   C. 服务质效类、其他侵害纳税人合法权益类投诉，自受理之日起10个工作日内办结

D. 纳税服务投诉因情况复杂不能按期办结的，经受理税务机关纳税服务部门负责人批准，可适当延长办理期限，最长不得超过 15 个工作日，同时向转办部门进行说明并向投诉人做好解释

参考答案：D

6. 下列关于纳税服务投诉的表述有误的是：（　　）。

A. 纳税人可以通过网络、电话、信函或者当面等方式提出投诉

B. 纳税人对纳税服务的投诉，应向本级税务机关提交，不能直接向其上级税务机关提交

C. 纳税人通过电话或者当面方式提出投诉的，税务机关在告知纳税人的情况下可以对投诉内容进行录音或者录像

D. 已就具体行政行为申请税务行政复议或者提起税务行政诉讼，但具体行政行为存在不符合文明规范言行问题的，可就该问题单独向税务机关进行投诉

参考答案：B

7. 下列关于税务行政复议的表述有误的是：（　　）。

A. 税务行政复议的申请人，可以书面申请，也可以口头申请

B. 口头申请的，复议机关应当当场记录申请人的基本情况、行政复议请求、申请行政复议的主要事实、理由和时间

C. 申请人可以在知道税务机关作出具体行政行为之日起 90 日内提出行政复议申请

D. 因不可抗力或者被申请人设置障碍等原因耽误法定申请期限的，税务行政复议的申请期限的计算应当扣除被耽误时间

参考答案：C

8. 下列关于纳税信用评价的表述有误的是：（　　）。

A. 自开展 2019 年度评价时起，对于因评价指标得分评为 D 级的纳税人，次年由直接保留 D 级评价调整为评价时加扣 10 分

B. 对于因直接判级评为 D 级的纳税人，维持 D 级评价保留 2 年、第 3 年纳税信用不得评价为 A 级

C. 自开展 2020 年度评价时起，近三个评价年度内存在非经常性指标信息的，从 100 分起评

D. 自开展 2020 年度评价时起，近三个评价年度内没有非经常性指标信息的，从 90 分起评

参考答案：A

9. 下列关于纳税信用评价的表述有误的是：（   ）。

A. 纳税人对纳税信用评价结果有异议，可在纳税信用评价结果确定的当年内书面向主管税务机关申请复核

B. 主管税务机关应自受理申请之日起 10 个工作日内完成复评工作，并向纳税人反馈纳税信用复评信息或提供复评结果的自我查询服务

C. 自 2021 年度纳税信用评价起，税务机关按照"首违不罚"相关规定对纳税人不予行政处罚的，相关记录不纳入纳税信用评价

D. 纳税人对指标评价情况有异议的，可在评价年度次年 3 月份填写《纳税信用复评（核）申请表》，向主管税务机关提出复核，主管税务机关在开展年度评价时审核调整，并随评价结果向纳税人提供复核情况的自我查询服务

参考答案：B

二、多选

1. 《关于进一步深化税收征管改革的意见》指出：维护纳税人缴费人合法权益。具体包括：（   ）。

A. 完善纳税人缴费人权利救济和税费争议解决机制，畅通诉求有效收集、快速响应和及时反馈渠道

B. 探索实施大企业税收事先裁定并建立健全相关制度

C. 健全纳税人缴费人个人信息保护等制度，依法加强税费数据查询权限和留痕等管理，严格保护纳税人缴费人及扣缴义务人的商业秘密、个人隐私等，严防个人信息泄露和滥用等

D. 税务机关和税务人员违反有关法律法规规定、因疏于监管造成重大损失的，依法严肃追究责任

参考答案：ABCD

2. 以下属于纳税人权利的有：（　　）。

    A. 税收监督权

    B. 委托税务代理权

    C. 对未出示税务检查证和税务检查通知书的拒绝检查权

    D. 依法要求听证的权利

    E. 索取有关税收凭证的权利

参考答案：ABCDE

3. 以下属于纳税人义务的有：（　　）。

    A. 依法进行税务登记的义务

    B. 财务会计制度和会计核算软件备案的义务

    C. 代扣、代收税款的义务

    D. 接受依法检查的义务

    E. 报告其他涉税信息的义务

参考答案：ABCDE

4. 税费服务需求管理遵循（　　）的工作原则。

    A. 依法服务　　　　　　　　B. 精准科学

    C. 统筹协同　　　　　　　　D. 自愿参与

参考答案：ABCD

5. 各级税务机关纳税服务部门统筹纳税人需求管理工作。主要职责有：（　　）。

    A. 纳税人需求管理制度建设

    B. 提出纳税人需求管理系统建设的业务需求

    C. 组织实施纳税人需求征集

    D. 纳税人需求管理的组织、协调、监督考核及机制建设

    E. 归集分析纳税人需求，并提出改进建议

参考答案：ABCDE

6. 各级税务机关应当及时有效地响应纳税人需求事项。下列相关表述正确的有：（　　）。

    A. 对纳税人提出的合理合法需求，在规定时限内处理反馈。暂不能响应的，建立专项台账，并联系纳税人说明情况理由，待条件具

备时，主动采取措施予以响应

    B. 对违反法律、法规、规章有关规定等非合理合法需求，税务机关不予响应，并向纳税人做好沟通解释

    C. 对超出本级职责范围的纳税人需求，报上级税务机关协调办理。不属于税务机关工作范围的，及时告知、引导纳税人通过其他渠道反映

    D. 上级税务机关认为下级税务机关应当办理而未办理的，可以责令其办理

    E. 上级税务机关不可以直接办理应当由下级税务机关办理的纳税人需求

参考答案：ABCD

7. 社会公众可以通过报刊、网站、信息公告栏等公开渠道查询哪些依法公开的涉税信息：（   ）。

    A. 税收政策

    B. 重大税收违法案件信息

    C. 非正常户认定信息

    D. 税费缴纳情况

参考答案：ABC

8. 申请对纳税人涉税保密信息进行的查询应在职责范围内予以支持。具体包括：（   ）。

    A. 人民法院、人民检察院和公安机关根据法律规定进行的办案查询

    B. 纳税人对自身涉税信息的查询

    C. 抵押权人、质权人请求税务机关提供纳税人欠税有关情况的查询

    D. 社会公众对纳税人税费缴纳情况的查询

参考答案：ABC

9. 对服务言行的投诉包括：（   ）。

    A. 税务机关工作人员服务用语不符合文明服务规范要求的

    B. 税务机关工作人员行为举止不符合文明服务规范要求的

    C. 税务机关工作人员未准确掌握税收法律法规等相关规定，导致纳税人应享受未享受税收优惠政策的

　　D．税务机关工作人员未按规定落实首问责任、一次性告知、限时办结、办税公开等纳税服务制度的

参考答案：AB

10．下列投诉不属于纳税服务投诉范围的有：（　　）。

　　A．对税务机关未能向纳税人提供便利化办税渠道的投诉

　　B．违反法律、法规、规章有关规定的

　　C．针对法律、法规、规章和规范性文件规定进行投诉的

　　D．超出税务机关法定职责和权限的

参考答案：BCD

11．属于下列哪些情形的，税务机关应快速处理，自受理之日起3个工作日内办结：（　　）。

　　A．税务机关及其工作人员未准确掌握税收法律法规等相关规定，导致纳税人应享受未享受税收优惠政策的

　　B．自然人纳税人提出的个人所得税服务投诉

　　C．自然人缴费人提出的社会保险费和非税收入征缴服务投诉

　　D．涉及其他重大政策落实的服务投诉

参考答案：ABCD

12．调查纳税服务投诉事项，应当由两名以上工作人员参加。一般流程为：（　　）。

　　A．核实情况　　　　　　　　B．沟通调解

　　C．制作笔录　　　　　　　　D．提出意见

参考答案：ABD

13．属于下列哪些情形的，税务机关可即时处理：（　　）。

　　A．纳税人当场提出投诉，事实简单、清楚，不需要进行调查的

　　B．自然人纳税人提出的个人所得税服务投诉

　　C．一定时期内集中发生的同一投诉事项且已有明确处理意见的

　　D．超出税务机关法定职责和权限的

参考答案：AC

14．纳税服务投诉调查过程中发生下列哪些情形之一的，应当终结调查，并向纳税人说明理由：（　　）。

A. 投诉事实经查不属于纳税服务投诉事项的

B. 投诉内容不具体，无法联系投诉人或者投诉人拒不配合调查，导致无法调查核实的

C. 投诉人自行撤销投诉，经核实确实不需要进一步调查的

D. 已经处理反馈的投诉事项，投诉人就同一事项再次投诉，没有提供新证据的

E. 调查过程中发现不属于税务机关职责范围的

参考答案：ABCDE

15. 下列关于纳税服务投诉的表述正确的有：（　）。

A. 对税务机关已经处理完毕且经上级税务机关复核的相同投诉事项再次投诉的，税务机关不予受理

B. 对税务机关依法、依规受理，且正在办理的服务投诉再次投诉的，税务机关不予受理

C. 上级税务机关认为下级税务机关应当受理投诉而不受理或者不予受理的理由不成立的，可以责令其受理

D. 上级税务机关不能直接受理应由下级税务机关受理的纳税服务投诉

E. 税务机关调查人员与投诉事项或者投诉人、被投诉人有利害关系的，应当回避

参考答案：ABCE

16. 纳税信用管理的对象包括下列哪些企业：（　）。

A. 已办理税务登记并从事生产、经营的独立核算企业，其中，个人独资企业和个人合伙企业的个人所得税征收方式为查账征收

B. 从首次在税务机关办理涉税事宜之日起时间不满一个评价年度的企业

C. 评价年度内无生产经营业务收入的企业

D. 适用企业所得税核定征收办法的企业

参考答案：ABCD

17. 下列关于纳税信用评价的表述正确的有：（　）。

A. 纳税信用信息包括纳税人信用历史信息、税务内部信息、外部信息三部分

B. 纳税信用评价采取年度评价指标得分和直接判级方式

C. 纳税信用评价指标包括税务内部信息和外部评价信息

D. 纳税信用直接判级适用于有严重失信行为的纳税人

E. 纳税信用评价周期为一个纳税年度

参考答案：ABCDE

18. 下列哪些情形不参加本期纳税信用评价：（　　）。

A. 评价年度内无生产经营业务收入的

B. 因涉嫌税收违法被立案查处尚未结案的

C. 被审计、财政部门依法查出税收违法行为，税务机关正在依法处理，尚未办结的

D. 已申请税务行政复议、提起行政诉讼尚未结案的

参考答案：BCD

19. 下列关于纳税信用评价的表述正确的有：（　　）。

A. 纳税信用级别设 A、B、C、D 四级

B. A 级纳税信用为年度评价指标得分 90 分以上的

C. B 级纳税信用为年度评价指标得分 70 分以上不满 90 分的

D. C 级纳税信用为年度评价指标得分 40 分以上不满 70 分的

E. D 级纳税信用为年度评价指标得分不满 40 分或者直接判级确定的

参考答案：BCDE

20. 有下列哪些情形之一的纳税人，本评价年度不能评为 A 级：（　　）。

A. 实际生产经营期不满 3 年的

B. 上一评价年度纳税信用评价结果为 D 级的

C. 非正常原因一个评价年度内增值税或营业税连续 3 个月或者累计 6 个月零申报、负申报的

D. 不能按照国家统一的会计制度规定设置账簿，并根据合法、有效凭证核算，向税务机关提供准确税务资料的

参考答案：ABCD

21. 有下列哪些情形之一的纳税人，本评价年度直接判为 D 级：（　　）。

A. 存在逃避缴纳税款、逃避追缴欠税、骗取出口退税、虚开增值税专用发票等行为，经判决构成涉税犯罪的

　B. 存在 A 项所列行为，未构成犯罪，但偷税（逃避缴纳税款）金额
　　 10 万元以上且占各税种应纳税总额 10% 以上，或者存在逃避追
　　 缴欠税、骗取出口退税、虚开增值税专用发票等税收违法行为，
　　 已缴纳税款、滞纳金、罚款的

　C. 在规定期限内未按税务机关处理结论缴纳或者足额缴纳税款、滞
　　 纳金和罚款的

　D. 以暴力、威胁方法拒不缴纳税款或者拒绝、阻挠税务机关依法实
　　 施税务稽查执法行为的

　E. 存在违反增值税发票管理规定或者违反其他发票管理规定的行
　　 为，导致其他单位或者个人未缴、少缴或者骗取税款的

参考答案：ABCDE

22. 有下列哪些情形之一的纳税人，本评价年度直接判为 D 级：（　　）。

　A. 提供虚假申报材料享受税收优惠政策的

　B. 骗取国家出口退税款，被停止出口退（免）税资格未到期的

　C. 有非正常户记录或者由非正常户直接责任人员注册登记或者负责
　　 经营的

　D. 由 D 级纳税人的直接责任人员注册登记或者负责经营的

　E. 存在税务机关依法认定的其他严重失信情形的

参考答案：ABCDE

23. 纳税信用信息发布的主要渠道有：（　　）。

　A. 社会共享　　　　　　　　　B. 政务共享

　C. 有限共享　　　　　　　　　D. 依申请查询

参考答案：ABCD

24. 下列哪些情形可以向主管税务机关申请补充纳税信用评价：（　　）。

　A. 因涉嫌税收违法被立案查处尚未结案的情形已解除

　B. 被审计、财政部门依法查出税收违法行为，税务机关正在依法处
　　 理，尚未办结的情形已解除

　C. 已申请税务行政复议、提起行政诉讼尚未结案的情形已解除

　D. 对当期未予评价有异议的

参考答案：ABCD

25．自 2020 年 1 月 1 日起，纳入纳税信用管理的企业纳税人，符合下列哪些条件之一的，可在规定期限内向主管税务机关申请纳税信用修复：（　　）。

A．纳税人发生未按法定期限办理纳税申报、税款缴纳、资料备案等事项且已补办的

B．未按税务机关处理结论缴纳或者足额缴纳税款、滞纳金和罚款，未构成犯罪，纳税信用级别被直接判为 D 级的纳税人，在税务机关处理结论明确的期限期满后 60 日内足额缴纳、补缴的

C．纳税人履行相应法律义务并由税务机关依法解除非正常户状态的

D．纳税人对指标评价情况有异议的

参考答案：ABC

26．自 2022 年 1 月 1 日起，符合下列哪些条件之一的纳税人，可向主管税务机关申请纳税信用修复：（　　）。

A．破产企业或其管理人在重整或和解程序中，已依法缴纳税款、滞纳金、罚款，并纠正相关纳税信用失信行为的

B．因确定为重大税收违法失信主体，纳税信用直接判为 D 级的纳税人，失信主体信息已按照国家税务总局相关规定不予公布或停止公布，申请前连续 12 个月没有新增纳税信用失信行为记录的

C．由纳税信用 D 级纳税人的直接责任人员注册登记或者负责经营，纳税信用关联评价为 D 级的纳税人，申请前连续 6 个月没有新增纳税信用失信行为记录的

D．因其他失信行为纳税信用直接判为 D 级的纳税人，已纠正纳税信用失信行为、履行税收法律责任，申请前连续 12 个月没有新增纳税信用失信行为记录的

E．因上一年度纳税信用直接判为 D 级，本年度纳税信用保留为 D 级的纳税人，已纠正纳税信用失信行为、履行税收法律责任或失信主体信息已按照国家税务总局相关规定不予公布或停止公布，申请前连续 12 个月没有新增纳税信用失信行为记录的

参考答案：ABCDE

27. 对 A 级纳税人的激励措施包括：（ ）。

A. 主动向社会公告年度 A 级纳税人名单

B. 一般纳税人可单次领取 3 个月的增值税发票用量，需要调整增值税发票用量时即时办理

C. 普通发票按需领用

D. 连续 3 年被评为 A 级信用级别的纳税人，除享受规定措施外，还可以由税务机关提供绿色通道或专门人员帮助办理涉税事项

参考答案：ABCD

28. 下列关于纳税信用评价的表述正确的有：（ ）。

A. 纳税信用级别为 B 级和 B 级以上，是评定出口企业管理类别一类的必要条件

B. 对纳税信用评价为 M 级的企业，税务机关实行下列激励措施：税务机关适时进行税收政策和管理规定的辅导

C. 自 2020 年 1 月 1 日起，纳税人享受增值税即征即退政策，有纳税信用级别条件要求的，以纳税人申请退税税款所属期的纳税信用级别确定

D. 自 2020 年 1 月 1 日起，纳税人适用增值税留抵退税政策，有纳税信用级别条件要求的，以纳税人向主管税务机关申请办理增值税留抵退税提交《退（抵）税申请表》时的纳税信用级别确定

E. 与银保监部门和银行业金融机构合作，将纳入"银税互动"范围的企业在纳税信用 A 级、B 级企业基础上扩大至 M 级企业

参考答案：ABCDE

29. 下列关于重大税收违法案件当事人联合惩戒的表述正确的有：（ ）。

A. 当事人为自然人的，惩戒的对象为当事人本人

B. 当事人为企业的，惩戒的对象为企业及其法定代表人、负有直接责任的财务负责人

C. 当事人为其他经济组织的，惩戒的对象为其他经济组织及其负责人、负有直接责任的财务负责人

D. 当事人为负有直接责任的中介机构及从业人员的，惩戒的对象为

中介机构及其法定代表人或负责人，以及相关从业人员

参考答案：ABCD

三、判断

1. 税务机关可以按地域、规模、行业等要素选择有代表性的纳税人开展定向征集，也可以根据工作需要向全体纳税人开展非定向征集。 （ ）

参考答案：√

2. 纳税人通过网站、局长信箱、"互联网＋税务督查"、热线、微信、微博及办税服务厅等线上线下渠道，并采取书面方式向税务机关提出的各类税费服务需求。 （ ）

参考答案：×

【纳税人通过网站、局长信箱、"互联网＋税务督查"、热线、微信、微博及办税服务厅等线上线下渠道，采取口头、书面等方式向税务机关提出的各类税费服务需求。】

3. 纳税人可以通过网站、客户端软件、自助办税终端等渠道，经过有效身份认证和识别，自行查询税费缴纳情况、纳税信用评价结果、涉税事项办理进度等自身涉税信息。 （ ）

参考答案：√

4. 各级税务机关税收宣传部门是纳税服务投诉的主管部门，负责纳税服务投诉的接收、受理、调查、处理、反馈等事项。需要其他部门配合的，由税收宣传部门进行统筹协调。 （ ）

参考答案：×

【各级税务机关纳税服务部门是纳税服务投诉的主管部门，负责纳税服务投诉的接收、受理、调查、处理、反馈等事项。需要其他部门配合的，由纳税服务部门进行统筹协调。】

5. 投诉人认为处理结果显失公正的，可向上级税务机关提出复核申请。上级税务机关自受理之日起，15 个工作日内作出复核意见。 （ ）

参考答案：×

【投诉人认为处理结果显失公正的，可向上级税务机关提出复核申请。上级

税务机关自受理之日起，10个工作日内作出复核意见。】

6. 纳税人的同一投诉事项涉及两个以上税务机关的，应当由首诉税务机关牵头协调处理。首诉税务机关协调不成功的，应当向上级税务机关申请协调处理。 （ ）

参考答案：√

7. 未发生《纳税信用管理办法（试行）》第二十条所列失信行为的下列企业适用 M 级纳税信用：（1）新设立企业；（2）评价年度内无生产经营业务收入且年度评价指标得分 60 分以上的企业。 （ ）

参考答案：×

【未发生《纳税信用管理办法（试行）》第二十条所列失信行为的下列企业适用 M 级纳税信用：（1）新设立企业；（2）评价年度内无生产经营业务收入且年度评价指标得分 70 分以上的企业。】

8. 因税务检查等发现纳税人以前评价年度存在直接判为 D 级情形的，主管税务机关应调整其相应评价年度纳税信用级别为 D 级，并记录动态调整信息，该 D 级评价不保留至下一年度。 （ ）

参考答案：√

9. 每年 3 月确定上一年度纳税信用评价结果，并向社会公布年度纳税信用 A 级纳税人名单。 （ ）

参考答案：×

【每年 4 月确定上一年度纳税信用评价结果，并向社会公布年度纳税信用 A 级纳税人名单。】

第九章 税法宣传与纳税咨询

必知考试大纲

	初级	中级	高级
第一节 税法宣传	1. 了解日常宣传的主要形式和具体内容，并及时向纳税人发放宣传资料 2. 了解专题宣传的主要形式和具体内容，了解热点问题宣传和重点专题宣传的侧重点 3. 了解税收宣传月的时间、任务、目标、方式、渠道、步骤等 4. 了解纳税人学堂的开设目标、办学原则、办学方式	1. 熟悉日常宣传和专题宣传各类形式的相关要求，开展相应税法宣传 2. 熟悉掌握通过线上、线下宣传渠道开展热点问题宣传、重点专题宣传，每年围绕总局确定的宣传主题开展税收宣传月活动 3. 熟练掌握运用实体纳税人学堂和网络纳税人学堂开展有针对性的税法宣传和纳税辅导	1. 掌握日常宣传和专题宣传开展现状及问题，提出优化税法宣传的措施 2. 综合分析网站、新媒体宣传效果，创新税法宣传渠道
第二节 税费咨询	1. 了解税费咨询的三种主要形式的工作要求，了解各种咨询方式的基本流程 2. 熟悉首问责任制度的职责范围、办理流程，落实各项具体税费咨询工作中 3. 熟练应用咨询事项的流转工作要求，进行后续转办流程	1. 熟练应用电话咨询、网络咨询、面对面咨询三种形式开展税费咨询工作，满足纳税人的个性化咨询需求 2. 熟悉首问责任制的工作要求，做好各责任部门的沟通和联系	1. 掌握相关工作要求，综合评价税费咨询结果，提出完善相应工作的意见及建议 2. 统筹规划税费咨询工作机制，探索税费咨询新方式、新渠道、新路径
第三节 培训辅导	1. 了解纳税人学堂基本定位，掌握纳税人学堂办学原则及方式、资源保障、日常管理的基本规定	1. 熟悉运用纳税人学堂管理机制，组织开展培训辅导工作	1. 掌握培训辅导相关工作要求，评价纳税人学堂办学及管理，提升纳税人学堂办学质效

续表

	初级	中级	高级
第三节 培训辅导	2. 了解电子税务局咨询辅导模块的主要功能，辅导纳税人熟练操作 3. 了解进一步深化税收征管改革、发票电子化改革、税务领域"放管服"改革、减税降费等重点工作中税费咨询服务和宣传辅导服务工作要求并按要求开展培训辅导	2. 应用电子税务局咨询辅导模块，不断更新完善相应知识库 3. 结合进一步深化税收征管改革、发票电子化改革、税务领域"放管服"改革、减税降费等重点工作中纳税服务要求，制定实施方案，开展有针对性的培训辅导工作	2. 综合分析进一步深化税收征管改革、发票电子化改革、税务领域"放管服"改革、减税降费等重点工作中纳税服务运行效果，部署培训辅导工作整体方案，整合创新培训辅导渠道
第四节 12366税 费服务	1. 了解12366税费服务的基本功能和定位 2. 了解12366税费服务具体要求，熟练掌握咨询、税费信息查询、纳税服务投诉、涉税违法举报、意见建议、电话回呼、服务调查的基本流程和作业标准 3. 了解12366培训管理、质量监控、绩效评估的作业标准，了解12366税费知识库和12366智能咨询库运维流程 4. 了解疑难问题、热点问题采集的基本流程，正确使用12366热线系统	1. 熟练掌握12366税费服务模式，应用各种基本业务形式，提高咨询受理水平 2. 熟练掌握12366税费知识库和12366智能咨询库运维工作 3. 对各类疑难问题、热点问题进行归集，分析各类咨询问题的原因	1. 熟练掌握12366税费服务培训管理、质量监控、绩效评估等工作 2. 综合疑难问题、热点问题采集，分析各类咨询问题的原因，提出优化解决问题的意见和建议
第五节 征纳互动 平台建设	1. 了解征纳互动平台的建设目标和意义 2. 了解征纳互动平台的服务模式和服务功能 3. 熟悉精准推送、智能互动、办问协同、依职转办等服务的基本内容 4. 熟悉征纳互动运营监控的基本概念和常见监控指标	1. 熟悉征纳互动精准推送的策略制定、推送配置，及时开展有针对性的精准推送 2. 熟悉人工互动、办问协同、依职转办等服务的工作流程，能够按照规范做好互动服务	1. 熟悉掌握征纳互动运营监控各个模块，在日常征纳互动中及时发现、处理监控预警 2. 运用征纳互动服务理念，逐步推进传统服务模式向新型征纳互动服务模式转变

必懂复习策略

　　本章主要内容包括税法宣传、税费咨询、培训辅导、12366 税费服务。其中培训辅导和 12366 税费服务比较重要，应重点掌握。

　　关于培训辅导，应重点掌握纳税人学堂的办学原则及方式、资源保障和日常管理的基本规定等。

　　关于 12366 税费服务，应熟悉 12366 税费服务的基本功能及具体含义，重点掌握 12366 税费服务的具体要求和业务范围，以及 12366 税费服务质量监督、绩效测评和现场管理的要求等。

　　初级考生学习侧重点应为基础知识，如具体培训、宣传规定等；中级考生学习侧重点应为具体规定及流程优化等；高级考生学习侧重点应为各方面知识的综合运用和探索创新。

必会核心知识

■ 税法宣传中专题宣传的内容可分为热点问题宣传、重点专题宣传和税收宣传月宣传三类。

■ 2023年以"办好惠民事·服务现代化"为主题，连续第10年开展"便民办税春风行动"。

■ 2023年4月是第32个全国税收宣传月，各地税务部门按照国家税务总局部署，围绕"税惠千万家 共建现代化"主题，举办形式多样、内容丰富的活动。

■ 日常宣传是税务机关在日常工作中开展的宣传，其内容可以分为两大类：（1）税收政策宣传；（2）办税流程宣传。

■ 办税流程宣传是指税务机关对涉税事项的办理渠道、报送资料、办理程序、办理方法等进行宣传。

■ 纳税咨询的形式主要包括电话咨询、互联网咨询和面对面咨询三种形式。

■ 面对面咨询：提供咨询服务时应耐心听取纳税（缴费）人的提问，属于咨询受理范围的，认真做好解答工作；不属于咨询受理范围的，主动告知纳税（缴费）人不予受理的理由，并尽量进行引导。对不能即时答复的涉税（费）问题，按照首问责任制要求进行处理。

■ 纳税人学堂的办学原则是：免费举办、自愿参加、课程实用和教学相长。

■ 纳税人学堂是由税务机关主办的、有组织有计划地为纳税人提供税收法律法规及相关政策规定培训辅导的网络平台和实体场所。

■ 纳税人学堂采用实体教学和网络教学相结合的方式办学。

■ 网络纳税人学堂原则上每个季度应更新教学内容，实体纳税人学堂每个季度应至少开展一次教学活动。

■ 为支持纳税人学堂的正常开办，各级税务机关要在师资、经费和场地、设备等方面给予必要保障。

■ 纳税人学堂实行省、市、县分级管理。纳税人学堂实体场所和网页均应有"纳税人学堂"标识。

■ 落实国务院办公厅要求，各地12366纳税服务热线以分中心形式归并到所在地12345热线，保留号码和话务座席，提供"7×24小时"智能咨询服务。

■ 全面改造提升12366税费服务平台，加快推动向以24小时智能咨询为主转变，2022年基本实现全国咨询"一线通答"。

■ "12366"含义：1号接入；2级保障（国家级中心、省级中心两级支撑保障）；3线互通（热线、网线、无线互通）；6能平台（能听、能问、能看、能查、能约、能办）；6心服务（用心倾听、耐心解答；诚心交流、真心互动；精心分析、贴心推送）。

■ 目前全国12366热线团队人员一般由管理人员、咨询专家、咨询员构成，部分省市12366热线人员包括远程座席人员。

■ 12366热线的服务内容主要包括：（1）咨询解答；（2）办税指引；（3）接受纳税服务投诉；（4）接受涉税违法举报；（5）意见建议收集；（6）服务调查；（7）涉税查询。

■ 12366纳税服务热线工作时间与当地税务机关工作时间一致，包括上线准备时间和人工服务时间。

■ 12366热线不提供税收策划、各类社会性涉税考试辅导，也不进行涉税（非税）学术研究、探讨。不属于热线受理范围的，咨询员应主动告知纳税（缴费）人不予受理的理由。

■ 对查询12366知识库后不能够答复的咨询事项，经征询纳税人意见，咨询员可通过现场求助、转接答复、三方通话等求助方式即时处理。

■ 12366热线绩效测评由国家税务总局选取接通率、答复准确率、服务规范性三项指标，对被测评单位12366热线一段时期内的工作绩效进行反映和评价。

■ 12366热线绩效测评中的接通率指人工接听量占转人工语音量的比例。接通率高于80%（含），得100分；接通率低于80%，采用累进式计算扣分；接通率低于50%，得0分。

■ 12366按照半小时接通率指标设定预警标准，接通率在70%～80%

时为一级预警，接通率在 60%～70% 时为二级预警，接通率低于 60% 时为三级预警。12366 接通率为一级预警时，应召回示忙、休息、其他业务处理状态的咨询员；12366 接通率为二级预警时，应取消会议、培训，并及时做出临时调整排班；12366 接通率为三级预警时，应调整系统设置（IVR、路由），呼叫溢出。

■ 12366 平台升级建设的总体目标：以"国内领先、国际一流"为目标。

■ 12366 现场管理主要包括现场巡视、实时监控、指标监控、业务支持、信息发布与报送、应急管理 6 个部分。

必考点检测训练

一、单选

1. 第 32 个全国税收宣传月的主题是：（　　）。
   A. "智慧税务助发展·惠企利民稳增长"
   B. "办好惠民事·服务现代化"
   C. "税收优惠促发展，惠企利民向未来"
   D. "税惠千万家　共建现代化"

参考答案：D

2. 2023 年"便民办税春风行动"的主题是：（　　）。
   A. "智慧税务助发展·惠企利民稳增长"
   B. "办好惠民事·服务现代化"
   C. "税收优惠促发展，惠企利民向未来"
   D. "税惠千万家　共建现代化"

参考答案：B

3. 下列关于 12366 纳税服务热线的表述有误的是：（　　）。
   A. 落实国务院办公厅要求，各地 12366 纳税服务热线以分中心形式归并到所在地 12345 热线，保留号码和话务座席，提供"7×24

小时"智能咨询服务

  B. 全面改造提升 12366 税费服务平台，加快推动向以 24 小时智能
咨询为主转变，2023 年基本实现全国咨询"一线通答"

  C. 目前全国 12366 热线团队人员一般由管理人员、咨询专家、咨询
员构成，部分省市 12366 热线人员包括远程座席人员

  D. 12366 平台升级建设的总体目标：以"国内领先，国际一流"为
目标

参考答案：B

4. "12366"的含义为 1 号接入、2 级保障、3 线互通、6 能平台、6 心服
务。下列不属于"6 能"的是：（　　）。

  A. 能看   B. 能约

  C. 能办   D. 能传

参考答案：D

二、多选

1. 税法宣传中专题宣传的内容可分为哪几类：（　　）。

  A. 日常宣传   B. 热点问题宣传

  C. 重点专题宣传   D. 税收宣传月宣传

参考答案：BCD

2. 日常宣传是税务机关在日常工作中开展的宣传，其内容可以分为两大
类：（　　）

  A. 税收政策宣传   B. 办税流程宣传

  C. 办税地点宣传   D. 办税网站宣传

参考答案：AB

3. 办税流程宣传是指税务机关对涉税事项的（　　）等进行宣传。

  A. 办理渠道   B. 报送资料

  C. 办理程序   D. 办理方法

参考答案：ABCD

4. 纳税咨询的形式主要包括哪些形式：（ ）。

    A．电话咨询   B．互联网咨询

    C．面对面咨询   D．税收政策咨询

参考答案：ABC

5. 下列关于面对面咨询的表述正确的有：（ ）。

    A．提供咨询服务时应耐心听取纳税（缴费）人的提问

    B．属于咨询受理范围的，认真做好解答工作

    C．不属于咨询受理范围的，主动告知纳税（缴费）人不予受理的理由，并尽量进行引导

    D．对不能即时答复的涉税（费）问题，按照首问责任制要求进行处理

参考答案：ABCD

6. 纳税人学堂的办学原则是：（ ）。

    A．免费举办   B．自愿参加

    C．课程实用   D．教学相长

参考答案：ABCD

7. 下列关于纳税人学堂的表述正确的有：（ ）。

    A．纳税人学堂是由税务机关主办的、有组织有计划地为纳税人提供税收法律法规及相关政策规定培训辅导的网络平台和实体场所

    B．纳税人学堂采用实体教学和网络教学相结合的方式办学

    C．网络纳税人学堂原则上每个季度应更新教学内容，实体纳税人学堂每个季度应至少开展一次教学活动

    D．为支持纳税人学堂的正常开办，各级税务机关要在师资、经费和场地、设备等方面给予必要保障

    E．纳税人学堂实行省、市、县分级管理。纳税人学堂实体场所和网页均应有"纳税人学堂"标识

参考答案：ABCDE

8. 下列属于12366热线的服务内容的有：（ ）。

    A．办税指引   B．接受纳税服务投诉

C．接受涉税违法举报　　　　D．意见建议收集

E．服务调查

参考答案：ABCDE

9．下列不属于12366热线的服务内容的有：（　　）。

A．意见建议收集　　　　　　B．服务调查

C．税收策划　　　　　　　　D．涉税考试辅导

E．涉税（非税）学术研究、探讨

参考答案：CDE

10．12366热线绩效测评由国家税务总局选取、（　　）、三项指标，对"被测评单位"12366热线一段时期内的工作绩效进行反映和评价。

A．接通率　　　　　　　　　B．答复准确率

C．答复及时性　　　　　　　D．服务规范性

参考答案：ABD

11．12366按照半小时接通率指标设定预警标准，下列相关表述正确的有：（　　）。

A．接通率在70%～80%时为一级预警

B．接通率低于60%时为三级预警

C．12366接通率为一级预警时，应召回示忙、休息、其他业务处理状态的咨询员

D．12366接通率为二级预警时，应取消会议、培训，并及时做出临时调整排班

E．12366接通率为三级预警时，应调整系统设置（IVR、路由），呼叫溢出

参考答案：ABCDE

三、判断

1．12366现场管理主要包括现场巡视、实时监控、指标监控、业务支持、信息发布与报送、应急管理6个部分。　　　　　　　　　（　　）

参考答案：√

2. 12366 热线可提供税收策划、各类社会性涉税考试辅导，以及涉税（非税）学术研究、探讨。   （ ）

参考答案：×

【12366 热线不提供税收策划、各类社会性涉税考试辅导，也不进行涉税（非税）学术研究、探讨。】

3. 对查询 12366 知识库后不能够答复的咨询事项，经征询纳税人意见，咨询员可通过现场求助、转接答复、三方通话等求助方式即时处理。（ ）

参考答案：√

4. 12366 热线绩效测评中的接通率指人工接听量占转人工语音量的比例。接通率高于 85%（含），得 100 分；接通率低于 85%，采用累进方式计算扣分；接通率低于 50%，得 0 分。   （ ）

参考答案：×

【12366 热线绩效测评中的接通率指人工接听量占转人工语音量的比例。接通率高于 80%（含），得 100 分；接通率低于 80%，采用累进方式计算扣分；接通率低于 50%，得 0 分。】

第十章　文明服务

必知考试大纲

	初级	中级	高级
第一节 办税缴费服务渠道建设	1. 熟悉掌握办税服务厅的基本职责和环境建设的原则、功能布局、工作内容、服务区域设置、窗口设置、办税服务厅内外标识等基本内容 2. 掌握电子税务局、自助办税终端、移动办税平台的功能	1. 熟悉掌握办税服务厅标准化建设要求，熟悉设置"绿色通道"和为特定纳税人服务的内容，规范管理办税服务厅 2. 熟悉实体办税服务厅、电子税务局、自助办税终端、移动办税平台等办税缴费服务渠道建设的相关管理规定 3. 能够结合的客观实际情况，能够合理调整窗口、人员等服务资源，优化服务设施	1. 结合办税服务厅管理的基本内容，规范办税服务厅标准化建设 2. 合理调整办税服务厅各类功能区域、服务窗口的配置，为纳税人提供更优的办税体验 3. 结合办税缴费服务渠道建设的相关管理规定，分析评价办税服务厅职责履行情况，电子税务局、自助办税终端、移动办税平台运行情况，提出优化服务方案
第二节 文明服务	1. 了解着装规范、仪容举止、岗前准备、服务用语、接待规范、服务纪律等办税缴费服务的基础文明礼仪和要求，根据要求进行自我管理。 2. 了解沟通的定义、要素和步骤，掌握并运用服务沟通技巧，包括有效表达技巧、积极倾听技巧等解决工作中面临的实际问题。	1. 结合办税缴费文明礼仪相关规定内容，加强日常管理，有效提升服务质效。 2. 结合办税缴费相关服务制度及内容、含义、业务范围，能够采取相应措施，有效落实各项服务制度。	1. 结合办税缴费文明礼仪相关规定内容，采取有效措施，提升服务质效。 2. 结合办税缴费相关服务制度及内容、含义、业务范围，采取相应措施，提出有效落实服务制度的方案。

续表

	初级	中级	高级
第二节 文明服务	3.熟悉自我情绪管理办法，包括管理情绪的方法、摆脱职业倦怠的对策、克服不良情绪的策略 4.熟悉并掌握运用办税缴费相关服务制度、措施的内容、含义、业务范围 （1）首问责任制度 熟悉首问责任制度的含义，掌握首问责任人、业务范围等规定，对于业务范围内外的业务给予相应处理或指引 （2）一次性告知制度：熟悉一次性告知制度的具体工作要求及职责，明确告知方式，对纳税人履行一次性告知责任 （3）预约服务制度 熟悉预约服务制度的含义，明确预约服务的发起机关、预约形式及内容，引导纳税人预约办税 （4）导税服务制度 熟悉导税服务制度的工作要求及职责，辅导纳税人快速有效办理业务 （5）免填单服务 熟悉免填单服务的含义和范围、方式，辅导纳税人快速有效办理业务 （6）通办制度 熟悉同城通办、省内通办、全国通办的业务范围，为纳税人做好解释和指引 （7）延时服务制度 熟悉延时服务制度的含义，明确延时服务受理范围、延时服务提示的要求，按规定为纳税人办理业务。	（1）首问责任制度 掌握首问责任制度的内容，明确岗位职责，实行受理、转办、承办、反馈的过程监控，确保制度落实 （2）一次性告知制度 掌握办税事项一次性告知服务的工作要求，组织相应监督管理，确保制度落实 （3）预约服务制度 掌握预约服务制度的内涵，应用预约服务渠道，推行错峰预约服务，掌握预约服务变更规定 （4）导税服务制度 掌握导税服务制度，科学设置导税人员，适时安排流动导税，明确岗位职责，指引纳税人办理业务 （5）免填单服务 结合免填单服务范围、方式，合理调配服务资源，达到让纳税人快速有效办理业务的目的 （6）通办制度 掌握各项通办制度的业务范围及工作要求，保障制度落实 （7）延时服务制度 掌握延时服务制度的含义，掌握延时服务分类管理要求，为纳税人做好解释。应用延时服务登记台账，确保工作人员延时服务权益	（1）首问责任制度 评价首问责任制度落实情况，探索运用信息化手段，加强过程监控及痕迹管理 （2）一次性告知制度 综合分析一次性告知工作落实情况，根据工作实际提出优化方案，形成相应的监督落实工作机制 （3）预约服务制度 分析、评价预约服务制度落实情况，总结分析存在的问题和困难，提出合理性建议 （4）导税服务制度 综合评价导税制度现状及作用，结合纳税服务创新发展趋势，探索强化导税力量的创新举措 （5）免填单服务 依托征管信息系统，不断扩大免填单服务范围，拓展服务方式，合理调配服务资源，为纳税人提供更多免除填写税务文书的服务，达到快速有效办理业务的目的 （6）通办制度 综合评价各项通办制度落实情况，提出改进优化方案 （7）延时服务制度 综合分析延时服务工作落实情况，提出优化措施，建立可持续发展的服务发展机制，保障纳税人及工作人员权益实现

续表

	初级	中级	高级
第二节 文明服务	（8）限时办结制度 熟悉限时办结制度的要求，明确对非申办事项公开办理时限的渠道，掌握延期办理流程，为纳税人做好解释 （9）领导值班制度 熟悉领导值班制度的含义，明确值班领导的人员确定及值班标识要求，为纳税人做好解释 （10）办税公开 熟悉办税公开的含义，了解办税公开的原则、内容、形式和程序，让纳税人及时了解和掌握相关信息 （11）24小时自助办税制度 熟悉24小时自助办税制度的含义和24小时自助办税涉及的税务机关服务范围，对纳税人进行自助终端操作辅导	（8）限时办结制度 掌握限时办结制度的内容，明确岗位职责，进行过程监控，确保延期办理事项审批和反馈流程合规执行 （9）领导值班制度 掌握领导值班制度，明确值班领导职责，落实工作要求 （10）办税公开 掌握办税公开的内涵，掌握办税公开的内容，合理应用办税公开的原则、形式和程序，落实办税公开制度 （11）24小时自助办税制度 熟悉24小时自助办税制度要求、服务内容，掌握自助办税终端部署地点要求，确保自助办税设备的安全	（8）限时办结制度 评价限时办结制度落实情况，熟悉责任追究规定。探索运用信息化手段，加强过程监控及预警提醒 （9）领导值班制度 综合统筹协调各部门，推进领导值班制度的落实，建立制度体系。分析实际工作情况，提出相应的优化举措 （10）办税公开 评价办税公开的落实情况，结合新形势下纳税服务发展要求，探索优化办税公开的举措 （11）24小时自助办税制度 综合评价24小时自助办税制度落实情况，探索运用信息化手段，完善24小时自助办税功能
第三节 纳税缴费服务规范	1.了解《纳税服务规范》沿革 2.熟悉《纳税服务规范（3.0版）》的基本框架 3.熟悉《纳税服务规范（3.0版）》的14类业务主要内容：信息报告规范、发票办理规范、申报纳税规范、优惠办理规范、证明办理规范、税务注销规范、社会保险费及非税收入规范、出口退（免）税规范、国际税收规范、信用评价规范、涉税（费）咨询规范、涉税信息查询规范、纳税服务投诉规范、涉税专业服务规范。	1.熟悉《纳税服务规范》沿革 2.结合《纳税服务规范（3.0版）》主要内容，规范业务办理标准	1.熟悉《纳税服务规范》沿革 2.结合《纳税服务规范（3.0版）》主要内容，按照"最大限度服务纳税人、最大限度规范税务人"的原则，规范业务办理标准，引导纳税人缴费人便捷办税，提升服务质效

	初级	中级	高级
第四节 应急处置	1.熟悉应急管理体系包含的的具体内容 2.熟悉办税服务厅突发事件的概念和办税秩序类、系统故障类、其他类等三种突发事件分类应急处理的内容 3.了解掌握服务沟通技巧，知晓有效表达技巧、积极倾听技巧等解决工作中面临的实际问题	1.加强应急管理体系的建设，不断完善应急预案体系建设、加强应急管理组织建设、健全应急协调工作机制 2.结合办税服务厅突发事件的不同类型，开展突发事件应急处理日常应急演练 3.熟悉掌握办税秩序类的办税服务厅窗口拥堵、现场冲突等情况的应急处置 4.熟悉掌握系统故障类、其他类突发事件的应急处理 5.熟练运用情绪调控和心理压力疏导方法，培养驾驭情绪的能力	1.结合日常应急管理落实情况，分析存在的问题，不断完善应急管理体系的建设 2.组织开展办税秩序类、系统故障类、其他类突发事件的应急处理日常演练 3.结合突发事件应急处理要求，通过共享数据，制定有效应对各类突发事件的制度，加强防范
第五节 政务服务"好差评"	1.了解政务服务"好差评"制度的内容和渠道 2.熟悉税务部门政务服务"好差评"的评价主体、评价范围、评价等级、评价渠道、回访整改	1.掌握政务服务"好差评"相关制度和相关要求，推动政务服务"好差评"工作有序开展 2.掌握税务部门政务服务"好差评"的评价主体、评价范围、评价等级、评价渠道、回访整改，促进税务部门"好差评"制度落地	1.加强政府和税务部门沟通，推动"好差评"工作有序开展 2.充分分析运用政务服务"好差评"结果，提出优化纳税服务质效方案，全面优化纳税服务制度和服务措施

必懂复习策略

本章主要内容包括办税服务渠道建设、文明服务、纳税缴税服务规范及应急处置等，文明服务最为重要，其中应全面掌握首问责任制度、一次性告知制度、预约服务制度、导税服务制度、免填单制度、通办制度、限时办结制度、领导值班制度、办税公开制度、政务服务"好差评"制度等。

初级考生学习侧重点应为基础知识，如具体制度规定等；中级考生学习侧重点应为具体规定及制度落实等；高级考生学习侧重点应为各方面知识的综合运用和优化创新。

必 会 核 心 知 识

■ 办税服务厅外部标识包括：横向标识、竖向标识、立式标识。办税服务厅标识由名称、图案、颜色等元素组成。

■ 办税服务厅内部标识是引导和方便纳税人办税、传递税务机关纳税服务理念的视觉识别系统。主要类别有：背景墙标识、窗口标识、功能区标识、服务设施标识。

■ 办税服务厅应设立岗位信息公示牌，明示岗位、人员性质（执法人员、执法辅助人员）、姓名等服务人员信息，可公示在窗口触摸屏或窗口立牌上，也可集中公示上墙。

■ 咨询和投诉举报电话张贴于意见建议箱、纳税服务投诉箱（可两箱合一）上。

■ 法律法规、办税指南等可采用二维码形式公示，也可通过线上体验区提供网上查阅服务。

■ 办税服务厅地址发生变化的，应当提前一个月在办税服务厅内张贴告示；提前 5 个工作日在本地网站张贴搬迁告示，自行维护本地网站及微信公众号相关栏目，联系本级办公室要求其联系电子地图服务商更新信息，并同步报备省局修改办税地图。

■ 导税服务区是引导、分流纳税人办理税费事项的区域。（1）导税台推荐使用高桌，桌子外侧应张贴"导税台"字样，字样应清晰、醒目。（2）导税台内建议为导税员配置圆形可旋转高脚凳。（3）导税台配置 3 名及以上导税员时，应使用隔离带辅助排队；隔离带应可移动，忙时放置，闲时收起。（4）摆放意见建议箱、纳税服务投诉箱（可两箱合一）。（5）导税台外侧应设置一米线。

■ 办税服务区是主要通过柜面窗口形式为纳税人办理税费事项的区域。（1）窗口评价器或评价二维码面向纳税人摆放，不得遮挡、隐藏或放在柜台内部。（2）办公用品分类摆放，桌面不摆放与业务无关的物品；按"一票一整理"原则，在业务处理完毕后及时整理归位，保持桌面整洁有序。（3）在纳税人视线内无任何与工作无关的私人物品（包括手机、手提包、衣物等）摆放，椅子靠背不得挂有衣物。（4）可在台面固定点统一摆放绿色植物，并保持无灰尘、无枯叶，注意绿植的摆放不能妨碍纳税人与工作人员沟通。（5）办税窗口外设置一米线。

■ 线上体验区是以"互联网+税务"为依托，通过电子税务局等信息系统为纳税人提供税费办理服务体验的区域，旨在教会纳税人使用线上服务，减少线下流量。（1）线上体验区配备台式电脑。台式电脑桌面应定期清理，并对各类广告弹窗进行拦截。（2）鼓励有条件的地区在保障资产安全的前提下配备平板电脑，便于推广江苏税务APP、微办税、个人所得税APP等移动办税产品。（3）鼓励在线上体验区配备高桌，有需要的地区可配备椅子、凳子，区域内咨询辅导人员负责将椅凳及时归位。所有线上办税设备每个工作日由区域内现场辅导人员负责定时开关机。

■ 自助办税区是纳税人通过自助办税终端自行办理税费事项的区域。有条件的地区在保障设备、数据安全的前提下可设置单独的24小时自助办税区。（1）严格落实各项网络信息系统安全管理要求以及发票、票证管理要求。各种类型的自助终端，特别是存放实物发票的自助终端，要严格落实终端硬件、发票封装入柜，非维护时间，一律上锁，终端锁具钥匙实行税务干部专人管理。（2）及时发现自助终端存在的故障，并第一时间通知专业运维人员。故障设备张贴"设备故障"标识，及时维修或清理退出服务。（3）退出服务的自助终端，要登记台账并安排专门的区域放置，做好防尘、防潮等安全防护工作，并由各地信息部门按数据安全要求对存储进行脱敏处理，按照固定资产管理办法统一进行报废处置。不得将退出服务的自助终端堆放在办税服务厅内，严禁出现终端随意丢弃、无人管理的情况。

■ 咨询辅导区是受理纳税人咨询、进行办税辅导的区域。（1）合理配置桌椅，桌面干净整洁，区域内咨询辅导人员负责将椅凳及时归位。（2）建议配置咨询服务台、电脑、电话等办公设备，并安装12366知识库，作为工作支撑；建议配备打印机，便于实施书面一次性告知。导税台提供此类设备的不必重复设置。（3）各类表单资料、宣传材料集中有序摆放，电子显示屏正常运转，内容及时更新。（4）线路隐藏或沿墙固定，裸露在外面的线路捆扎有序。

■ 办税服务厅应当设立咨询辅导岗，在咨询辅导区、自助办税区和线上体验区合理配备现场辅导人员，提供咨询辅导服务。有条件的地区可设立咨询辅导窗口，将咨询辅导业务纳入排队叫号系统统一管理，依托12366知识库解答问题，在12366纳税服务平台做好台账记录。

■ 咨询辅导服务的内容：解答纳税人税费咨询；辅导纳税人填写表单，审核表单等资料的完整性；辅导纳税人自助办理税费事项，为纳税人使用相关设备和信息系统提供操作指引；结合实际情况开展政策宣传；协助维护办税服务厅秩序。

■ 办税服务厅可结合场地实际情况设置用以处理税费投诉、争议等事项的专门场所，及时响应纳税人诉求，切实保障纳税人合法权益不受损害，同时保障办税服务厅内的正常秩序不受影响。各地可结合场地实际和纳税人偏好，对上述区域布局进行调整。如受场地限制，导税服务区承担咨询辅导功能的，可不单设咨询辅导区；自助办税区内提供线上服务的，可不单设线上体验区；咨询辅导区、导税服务区或领导值班岗位承担争议投诉处置功能的，可不单设争议处置场所，但处置时应带离办税服务厅，不得影响厅内办税秩序。探索智能办税服务厅建设的，可根据业务创新需要，增设其他功能区域，并提交省局备案。为进一步推进办税服务厅智能化、数字化，鼓励有条件的地区设置智慧办税区，并提交省局备案。

■ 办税服务厅原则上应设置以下窗口：（1）综合服务：负责办理信息采集、税费申报等事项。（2）发票管理：发票管理，负责办理发票印制、领用、代开等相关事项。（3）申报纳税：负责办理税费申报缴纳等事项。

■ 窗口类型可根据实际情况进行调整。不设置申报纳税窗口的，其业务由综合服务窗口办理。受场地限制，不设置咨询辅导区的，可以在柜台内设置咨询辅导窗口，将咨询辅导业务纳入排队叫号系统统一管理。

■ 涉房交易税收、车购税、个人社保费业务进驻政务服务中心或外部门专业化服务场所的，鼓励税务窗口与其他部门窗口一体化设置，实现"前台统一受理、后台各自分办、前台统一反馈出件"。暂无条件实施一体化流程的，税务窗口悬挂"申报纳税"或"社保缴费"标识。

■ 办税服务厅要建立晨会制度。晨会一般在每个工作日上午上班前由值班长召集并主持，建议有条件的地区采用队列的形式组织。值班长主要检查窗口人员着装规范、仪表仪态、精神风貌，简要传达最新政策法规等，时间可长可短，各地自行决定，并登记好晨会电子台账。

■ 办税服务厅要建立例会制度。例会由办税服务厅负责人召开，至少每月一次，安排在非对外办公时间进行，总结前期办税服务厅工作的整体情况，点评存在问题，传达最新政策法规，部署落实当前的工作重点和要点等。

■ 办税服务厅应设置值班长岗并设置"值班长"标识，值班长岗位人员应相对固定。值班长可以按需下设班组管理（例如导税服务组、办税督导组、线上办税辅导组等）。

■ 值班长主要负责办税服务厅现场管理，包括检查和保障办税服务厅服务环境整洁、便民设施完善；督查办税服务厅工作人员执行各项规章制度和纪律；协调或处理纳税人办理税费事项的各种问题和矛盾；维护办税服务厅秩序；根据现场情况动态调整窗口数量和职能；加强对各功能区域的现场联动管理，防止出现忙闲不均和秩序混乱。

■ 值班长应按规定对办税服务厅运行情况巡检，并按要求做好"办税服务厅值班日志"台账登记工作，以备上级部门检查。值班长应将每个工作日三次巡检的内容录入办税服务厅综合管理系统。办税服务厅综合管理系统无法使用的办税场所，应设置纸质台账。值班长离岗开展巡查工作时，值班长标识牌应显示"值班长正在巡查"。

■ 值班长应每日查看纳税服务投诉箱，根据国家税务总局《纳税服务投诉管理办法》中规定的时限及时反馈。值班长应每日查看纳税人意见簿，并在3个工作日内反馈。对需要反馈且留下联系方式的纳税人，应主动致电回复；对没有留下联系方式的应在意见簿上书面回复。对涉及具体窗口或人员的批评类意见，若纳税人未明确表明无需反馈的，视为需要反馈。对提出切实可行意见的纳税人，可以邀请纳税人成为"税务体验师"。

■ 首问责任制的业务范围包括税费业务咨询及办理、纳税服务投诉和税收工作建议。首问责任人对不能现场办理涉税事项应建立登记台账和收件回执。登记内容包括：接洽时间、纳税人名称、联系方式、首问事项、首问责任人、承办人和办理答复时间等信息。

■ 首问责任人应热情接待，认真倾听，做到及时办理或有效指引，不得推诿、敷衍、拖延或者拒绝。首问责任人对职责范围内的涉税事项应按规定办理或答复；对不属于首问责任人职责范围的涉税事项，应为纳税人进行有效指引；不属于本税务机关职责范围的涉税问题，向纳税人说明，并给予必要帮助。

■ 税务机关应通过税务网站，办税服务厅电子显示屏或者触摸屏、公告栏等渠道公开相关事项的办理时限。税务人员在受理非即办事项时，应告知纳税人办理时限。

■ 因客观原因，不能按期办结需要延期的事项，应当由受理部门分管领导批准后，在办理时限到期之前告知纳税人，并明确延期办理时限。

■ 预约服务制度是指税务机关与纳税人约定在适当的工作时间内办理税费事项的制度。

■ 预约服务范围包括税费事项办理及咨询等。预约服务可以由纳税人发起，也可以由税务机关发起，服务时间由双方协商约定。

■ 预约服务可采取当面预约、电话预约和网上预约等方式。应建立预约服务登记台账。

■ 税务机关可以根据申报期办税业务量峰值高低、办税事项集中度等情况向纳税人提出错峰预约。税务机关不得强制要求纳税人接受错峰预约。纳税人接受错峰预约办税时，税务机关应安排绿色通道快速为纳税人办理涉税事宜。

■ 若因特殊情况不能按时提供预约服务的，承办人员应及时告知预约服务申请人，作好解释工作并重新安排预约时间；对超过预约时间未到场的纳税人，视为申请人主动放弃预约服务。

■ 延时服务制度是指办税服务厅对已到下班时间正在办理税费事项或已在办税服务场所等候办理税费事项的纳税人提供延时服务的制度。税务机关落实延时服务制度，应做好延时服务提示、延时服务特例、延时服务权益工作。

■ 延时服务提示：临近下班时间，应根据纳税人等候情况，预测纳税人需要等候的时间，并在纳税人等候或取号时，及时提醒纳税人预计需要办理的时间，由纳税人自愿选择是否继续等候办理。

■ 延时服务特例：提供延时服务时，对短时间内无法办结的税费事项，可在征得纳税人同意后进行留存办理。

■ 延时服务权益：办税服务厅应建立延时服务工作台账。记录提供延时服务工作人员的工作时长，对提供延时服务累计超过一定时长的，应合理安排相关人员进行调休。

■ 一次性告知制度，是指办税服务厅在受理纳税人税费事项时，对资料不符合规定或前置事项未办结的，工作人员应一次性告知，对不予办理的税费事项应当说明理由和依据的制度。一次性告知服务范围包括税费事项办理及咨询。

■ 一次性告知可通过书面或口头方式进行，行政许可事项必须书面告知。

■ 实施二维码一次性告知服务，二维码作为主动税收宣传的有效载体，可承载内容包含"全国统一事项""地方适用事项"的办税事项、业务专题政策、全国咨询热点问答等。

■ 提醒服务是指在纳税人发生纳税义务或履行税收法律责任之前，主管税务机关通过有效方式对纳税人办理各项涉税事项进行提醒的服务措施。

■ 主管税务机关提供的提醒服务的主要内容应涵盖事前、事中和事后三个环节，具体包括新办业户提醒、办税事项提醒、税收预警提醒、纳税人权利提醒、其他涉税事项提醒等。

■ 主管税务机关应根据实际情况，对不同类型的纳税人和不同类型的涉税事宜采取不同的提醒方式。主要方式有以下几种：（1）口头告知；（2）发放纳税提醒卡、通知单；（3）召开专题会议；（4）新闻媒体公告；（5）其他方式。

■ 导税服务的内容：合理有效分流、引导纳税人在相关的服务区域或窗口办理税费事项；协助纳税人取号；辅导纳税人填写资料和自助办理税费事项；协助纳税人核对资料和表单填写的完整性；解答简单税费咨询；结合实际情况开展政策宣传；协助维护办税服务厅秩序。

■ 对人流量较大的办税服务厅，或在办税高峰时段，导税员原则上不受理耗时较长的业务，而应协调咨询辅导区工作人员接手，避免纳税人在导税台前积压或长时间排队。

■ 办税服务厅实行领导值班制，值班领导由设立办税服务厅的税务机关局领导和相关科（处）室负责人轮流担当，并设置领导值班标识。

■ 办税服务厅应设置领导值班标识，领导值班期间在办公桌上摆放或电子显示屏显示"领导值班"标识，非领导值班期间不摆放或显示"领导值班"标识。值班领导需佩戴"领导值班"工作牌。

■ 值班领导负责部门间协调；负责处理值班期间发生的突发事件，组织实施应急预案；接受纳税人咨询或投诉。值班领导在值班期间要坚守工作岗位，并填写值班日志。

■ 领导值班制度实行轮流值班制，值班时间安排在每月征收期截止日前5个或5个以上工作日，具体值班日期以值班安排表为准。如遇重大税制改革、重大信息化系统上线等情况，可适当增加领导值班频次。

■ 值班领导在值班期间应至少半天坚守岗位。如遇因公外出或临时重要安排无法值班，需自行在值班领导之间做好调班安排，并提前通知办税服务厅负责人。

■ 24小时自助办税制度是指税务机关通过网上办税平台、移动办税平台、12366纳税服务热线、自助办税终端等渠道向纳税人提供24小时自助办理涉税事项的制度。

■ 完善24小时自助办税功能：（1）完善网上办税和移动办税平台功能；（2）完善12366纳税服务热线功能；（3）完善自助办税终端功能。

■ 办税公开的主要内容包括税费法律法规政策、服务事项、办税程序、办理时限、办公时间、服务人员信息、咨询和投诉举报电话，以及"全程网上办""最多跑一次"清单和税收管理领域基层政务公开标准目录中列明的其他事项。

■ 办公时间应当公告于办税服务厅进门醒目处，办公时间随季节变化不同的，应当分别注明，同时在办税地图上予以公开。

■ 办税服务厅可以根据公开内容和自身条件选择公开的形式，进驻政务中心或外部门专业化服务场所的办税服务场所，按照当地管理部门的管理要求进行相关内容的公示。

■ 税务机关应公开税务机构和职责、纳税人权利和义务、税收政策、税务行政许可项目、税务行政审批事项、办税程序、欠缴税款信息、信用级别为A级的纳税人名单、税务行政处罚标准、服务承诺、办公时间、咨询和投诉举报监督电话等事项。

■　办税事项"最多跑一次"，是指纳税人办理《办税事项"最多跑一次"清单》范围内事项，在资料完整且符合法定受理条件的前提下，最多只需要到税务机关跑一次。

■　全国通办是指跨省经营企业，可以根据办税需要就近选择税务机关申请办理异地涉税事项。它包括：涉税信息报告类、申报纳税办理类、优惠备案办理类、证明办理类。

■　推进简易处罚事项网上办理，实现违法信息自动提醒、处罚流程全程网上办、处罚结果实时传递。

■　以信息化建设为依托，对纳税人档案信息进行数字化、科学化管理，对纳税申报、发票办理等实现无纸化服务。

■　实名办税是指税务机关在纳税人办理涉税事项前，对相关人员的实名信息进行采集和验证的制度。经过实名信息验证的办税人员再次办理相关涉税事项时，不再提供登记证件和身份证件复印件等资料。

■　在2021年春风行动中，按照国务院办公厅"一事一次办"的要求，从纳税人缴费人办成一件事的角度出发，为纳税人缴费人提供企业开办、不动产交易等套餐式、主题式集成服务，实现一表申请、一套材料、一次提交、限时办结。

■　不动产登记机构应当按照国家有关规定，加强部门协作，实行不动产登记、交易和缴税一窗受理、并行办理，压缩办理时间，降低办理成本。在国家规定的不动产登记时限内，各地区应当确定并公开具体办理时间。国家推动建立统一的动产和权利担保登记公示系统，逐步实现市场主体在一个平台上办理动产和权利担保登记。纳入统一登记公示系统的动产和权利范围另行规定。

■　2020年底前，全面建成政务服务"好差评"制度体系，建成全国一体化在线政务服务平台"好差评"管理体系，各级政务服务机构（含大厅、中心、站点、窗口等，下同）、各类政务服务平台（含业务系统、热线电话平台、移动服务端、自助服务端等，下同）全部开展"好差评"，线上线下全面融合，实现政务服务事项全覆盖、评价对象全覆盖、服务渠道全覆盖。确保每个政务服务事项均可评价，每个政务服务机构、政务服务平台和人员都接受评价，每个办事企业和群众都能自愿自主真实评价，每个差评都得到整改，形成评价、反馈、整改、监督全流程衔接，企业和群众积极参与、社会各界广泛评价、政府部门及时改进的良性互动局面，促进政务服务质量持续提升。

■ 现场服务"一次一评"。政务服务机构要在服务窗口醒目位置设置评价器或评价二维码，方便办事企业和群众自主评价。偏远地区和基层服务点等暂不具备条件的，应提供书面评价表格。没有在服务现场作出评价的企业和群众可在一定期限内补充评价。评价一般可设置"很好"、"好"、"一般"、"差"、"很差"，或"非常满意"、"满意"、"基本满意"、"不满意"、"非常不满意"五个等级，后两个等级为差评。

■ 为准确、全面、及时地了解纳税人在办税服务厅办理业务的感受和诉求，有针对性地提高现场服务质效，提升纳税人的满意度和获得感，在办税服务厅实施政务服务"好差评"评价制度。

■ 办税服务厅窗口按照"一次一评"原则开展"好差评"评价，未当场做出评价的纳税人可在 5 个工作日内补充评价。在纳税人自愿的前提下，积极引导纳税人进行实名评价，不得强迫或干扰纳税人的评价。

■ 采用评价设备或二维码等方式进行"好差评"评价，每提供一次服务（可包含多个政务服务事项），即提供一次评价。自有办税服务厅及整体入驻政务服务中心的办税服务场所，依托办税服务厅管理系统开展评价工作；边远地区和个别服务点等暂不具备条件的，可提供书面评价表格。

■ 办税服务厅窗口"好差评"评价内容包括对办理事项的评价和对窗口服务的评价。（1）对办理事项的评价：办税服务厅窗口的评价需与纳税人所办理的政务服务事项对应，纳税人每办理一次业务（可能包含多个事项），即提供一次评价。（2）对窗口服务的评价：对窗口服务的评价包括服务制度是否落实到位、窗口服务人员的业务是否熟练、服务态度是否端正等。

■ 网上服务"一事一评"。政务服务平台要设置评价功能模块或环节，方便企业和群众即时评价。发挥信息技术优势，在五级评价的基础上，针对具体服务事项细化评价问询表单，可设置服务指引是否清晰、办事程序是否便利、材料手续是否精简、操作界面是否友好、有何改进意见等项目，由办事企业和群众自愿填写。

■ 社会各界"综合点评"。要通过意见箱、热线电话、监督平台、电子邮箱等多种渠道和方式，主动接受社会各界的综合性评价。引导社会组织、中介组织、研究机构等对政务服务状况进行专业、科学、客观的评估评价，提出意见建议。

■ 政府部门"监督查评"。要积极开展政务服务调查，尤其是对新出台的利企惠民政策、新提供的服务项目以及直接关系企业和群众切身利益的重点服务事项，及时了解政策知悉度、办事便利度、服务满意度等情况。按照一定比例随机抽取参与评价的企业和群众，开展回访调查。根据本地区、本部门实际，委托第三方独立开展政务服务评估，评估结果作为改进服务的重要依据。要进一步发挥中国政府网政务服务投诉与建议平台的作用。

■ 要建立差评和投诉问题调查核实、督促整改和反馈机制。收到差评和投诉后，按照"谁办理、谁负责"的原则，由业务办理单位第一时间启动程序，安排专人回访核实，做好差评和投诉回访整改情况的记录。差评和投诉问题按以下分类处置程序进行处置：对情况清楚、诉求合理的问题，当场解决，立行立改；对情况复杂、短时间内难以解决的，建立台账，限期整改；对缺乏法定依据的，做好解释说明。核实为误评或恶意差评的，评价结果不予采纳，并通报同级政务服务管理机构。核实整改情况要通过适当方式，及时向企业和群众反馈，确保差评件件有整改、有反馈。做好差评回访整改情况记录，实名差评回访整改率要达到100%。要强化对差评回访核实和整改情况的监督检查，实名差评回访整改率要达到100%。

■ 建立申诉复核机制，保障被评价人举证解释和申诉申辩的权利。对出现的"差评"，可提供举证材料等方式进行申诉。核实为误评或恶意评价的，评价结果不予采纳。按要求做好"差评"的明细记录。

■ 公开政务服务评价信息。要坚持"以公开为常态、不公开为例外"，除依法不得公开的信息外，政务服务情况、评价结果及整改情况均要通过政府门户网站、政务服务平台和新闻媒体向社会公开，并建立符合本地区、本部门实际的政务服务竞争机制。对造成不良影响的案例，要进行内部通报，必要时媒体曝光，推动形成愿评、敢评、评了管用的社会共识。

■ 办税服务厅税务干部应当在工作时间内统一着税务制服上岗，不得出现制服与便装混穿现象。着税务春秋装、冬装、夏装外穿长袖衬衣时，要打制式领带；男士系蓝色领带，女士系红色领带；着长袖衬衫，衬衫下摆须披在裤（裙）内，衬衫袖口须扣上；内衬衣下摆不得超过外套下摆，税务制服须保持整洁。着制服时应当按照规定扣好衣扣，不得挽袖、披衣、敞怀、卷裤腿。穿着制服时应搭配深色鞋子、腰带，不得穿露趾凉鞋、拖鞋等。

■ 办税服务厅应当统一执法辅助人员工作着装，但不得着税务制服。各级政务中心统一配发的，着配发服装。

■ 工作人员应保持良好的个人卫生习惯，做到美观大方，不给他人造成不良的视觉影响。男同志不留长发、长须、长指甲，女同志头发过肩的，须扎好或盘起，工作期间不得披发。不浓妆艳抹，不留长指甲，不使用有色指甲油，不使用水钻等指甲配饰；不得搭配首饰、佩饰，不使用强烈香料（香水）。不得在工作区域内进行化（补）妆、反复整理服装和发型、修剪指甲等仪容仪表整理工作。

■ 建议工作人员站姿：站姿挺拔，收腹挺胸，身体略向前倾，双臂自然下垂，将双手自然叠放于小腹前，右手叠加在左手上，面容平和自然，两脚呈"V"字形站立。不得摇头晃脑、身体歪斜、抱臂于胸、叉腰、背手或两手插在裤袋里。

■ 建议工作人员坐姿：上身自然挺直，双手放在柜面或置于双腿上；不得趴伏桌面，不得身体歪斜躺在椅背上；避免两腿叉开过大，不得将腿搭在桌子上、不得腿脚晃动、翘二郎腿；不得托腮帮、无业务时手上不得下意识摆玩物品；离座、落座动作轻缓、自然大方。

■ 建议工作人员走姿：应抬头挺胸、平视前方、双臂自然下垂、脚步稳健、步伐适中；二人以上行走不得勾肩搭背、挽腰拉手；不横穿纳税人排队队列，不在大厅内快速奔跑（紧急情况下除外）。

■ 建议工作人员工作手势：接递资料及物品应轻拿轻放、双手接递；不得出现用手敲打桌面提醒纳税人，用扔、抛等方式传递物品、资料等行为；平时自然双手叠加放置，不得叉腰背手，不得把手放进制服口袋里；指引方向时，应五指并拢，手臂自然前伸，不得使用单个手指指引、指示。

■ 办税服务厅工作人员上岗前及工作时间不饮酒或含有酒精的饮料，办公区域严禁吸烟、进食。

■ 办税服务厅工作人员在岗期间不得互相串岗聊天、大声喧哗、嬉笑打闹，不得从事与工作无关的事。

■ 办税服务厅工作人员在岗期间，手机不得放置于桌面、柜面上，不得玩手机；具备条件的地区建议手机集中存放；接打工作电话、紧急电话时应注意时长；如在接待纳税人过程中需要接打电话，应向其说明情况并取得同意后再接打电话。

■ 纳税服务有效表达技巧有：使用纳税人易懂、清晰准确的话语；使用简单明了的礼貌用语；使用生动得体的问候语；合理使用赞美；规范服务用语；禁用服务禁忌语言。

■ 纳税服务工作岗位人员具体的情绪管理方法包括：暗示调节法、合理宣泄法、音乐调节法、注意力转移法、自我安慰法、心理放松法。

必考点检测训练

一、单选

1. 下列关于办税服务厅的表述有误的是：（　　）。

A. 咨询和投诉举报电话张贴于意见建议箱、纳税服务投诉箱（可两箱合一）上

B. 法律法规、办税指南等可采用二维码形式公示，也可通过线上体验区提供网上查阅服务

C. 办税服务厅地址发生变化的，应当提前一个月在办税服务厅内张贴告示

D. 办税服务厅地址发生变化的，应当提前 3 个工作日在本地网站张贴搬迁告示，自行维护本地网站及微信公众号相关栏目，联系本级办公室要求其联系电子地图服务商更新信息，并同步报备省局修改办税地图

参考答案：D

2. 下列关于办税服务厅的表述有误的是：（　　）。

    A. 办税服务厅必须设置以下窗口：综合服务、发票管理、申报纳税

    B. 办税服务厅应当设立咨询辅导岗，在咨询辅导区、自助办税区和线上体验区合理配备现场辅导人员，提供咨询辅导服务

    C. 自助办税区是纳税人通过自助办税终端自行办理税费事项的区域

    D. 受场地限制，不设置咨询辅导区的，可以在柜台内设置咨询辅导窗口，将咨询辅导业务纳入排队叫号系统统一管理

参考答案：A

3. 下列关于预约服务的表述有误的是：（　　）。

    A. 预约服务制度是指税务机关与纳税人约定在适当的工作时间办理税费事项的制度

    B. 预约服务范围包括税费事项办理及咨询等

    C. 预约服务由税务机关发起，不可以由纳税人发起

    D. 预约服务可采取当面预约、电话预约和网上预约等方式

参考答案：C

4. 下列关于领导值班制度的表述有误的是：（　　）。

    A. 办税服务厅应设置领导值班标识，领导值班期间在办公桌上摆放或电子显示屏显示"领导值班"标识，非领导值班期间不摆放或显示"领导值班"标识

    B. 值班领导负责部门间协调；负责处理值班期间发生的突发事件，组织实施应急预案；接受纳税人咨询或投诉

    C. 值班领导在值班期间要坚守工作岗位，并填写值班日志

    D. 值班领导在值班期间应全天坚守岗位。如遇因公外出或临时重要安排无法值班，需自行在值班领导之间做好调班安排，并提前通知办税服务厅负责人

参考答案：D

5. 下列关于"好差评"制度的表述有误的是：（　　）。

    A. 现场服务"一次一评"。政务服务机构要在服务窗口的醒目位置设置评价器或评价二维码，方便办事企业和群众自主评价

  B. 偏远地区和基层服务点等暂不具备条件的，应提供书面评价表格

  C. 办税服务厅窗口按照"一次一评"原则开展"好差评"评价，未当场做出评价的纳税人可在 10 个工作日内补充评价

  D. 在纳税人自愿的前提下，积极引导纳税人进行实名评价，不得强迫或干扰纳税人的评价

参考答案：C

6. 下列关于办税服务厅着装要求的表述有误的是：（　　）。

  A. 办税服务厅税务干部应当在工作时间内统一着税务制服上岗，不得出现制服与便装混穿现象

  B. 着制服时应当按照规定扣好衣扣，不得挽袖、披衣、敞怀、卷裤腿

  C. 穿着制服时应搭配深色鞋子、腰带，不得穿露趾凉鞋、拖鞋等

  D. 办税服务厅执法辅助人员工作时应当统一着税务制服

参考答案：D

二、多选

1. 下列关于办税服务厅的表述正确的有：（　　）。

  A. 办税服务厅外部标识包括：横向标识、竖向标识、立式标识

  B. 办税服务厅标识由名称、图案、颜色等元素组成

  C. 办税服务厅内部标识是引导和方便纳税人办税、传递税务机关纳税服务理念的视觉识别系统

  D. 办税服务厅应设立岗位信息公示牌，明示岗位、人员性质（执法人员、执法辅助人员）、姓名等服务人员信息，可公示在窗口触摸屏或窗口立牌上，也可集中公示上墙

参考答案：ABCD

2. 下列关于办税服务厅导税服务区的表述正确的有：（　　）。

  A. 导税台推荐使用高桌，桌子外侧应张贴"导税台"字样，字样应清晰、醒目

  B. 导税台内建议为导税员配置圆形可旋转高脚凳

C. 导税台配置 3 名及以上导税员时，应使用隔离带辅助排队；隔离带应可移动，忙时放置，闲时收起

D. 摆放意见建议箱、纳税服务投诉箱（可两箱合一）

E. 导税台外侧应设置一米线

参考答案：ABCDE

3. 下列关于办税服务厅办税服务区的表述正确的有：（　　）。

A. 窗口评价器或评价二维码面向纳税人摆放，不得遮挡、隐藏或放在柜台内部

B. 办公用品分类摆放，桌面不摆放与业务无关的物品；按"一票一整理"原则，在业务处理完毕后及时整理归位，保持桌面整洁有序

C. 在纳税人视线内无任何与工作无关的私人物品（包括手机、手提包、衣物等）摆放，椅子靠背不得挂有衣物

D. 可在台面固定点统一摆放绿色植物，并保持无灰尘、无枯叶，注意绿植的摆放不能妨碍纳税人与工作人员沟通

E. 办税窗口外设置一米线

参考答案：ABCDE

4. 下列关于办税服务厅线上体验区的表述正确的有：（　　）。

A. 线上体验区配备台式电脑。台式电脑桌面应定期清理，并对各类广告弹窗进行拦截

B. 鼓励有条件的地区在保障资产安全的前提下配备平板电脑，便于推广江苏税务 APP、微办税、个人所得税 APP 等移动办税产品

C. 鼓励在线上体验区配备高桌，有需要的地区可配备椅子、凳子，区域内咨询辅导人员负责将椅凳及时归位

D. 所有线上办税设备每个工作日由区域内现场辅导人员负责定时开关机

参考答案：ABCD

5. 下列关于办税服务厅自助办税区的表述正确的有：（　　）。

A. 有条件的地区在保障设备、数据安全的前提下可设置单独的 24 小

时自助办税区

B. 严格落实各项网络信息系统安全管理要求以及发票、票证管理要求。各种类型的自助终端，特别是存放实物发票的自助终端，要严格落实终端硬件、发票封装入柜，非维护时间，一律上锁，终端锁具钥匙实行税务干部专人管理

C. 及时发现自助终端存在的故障，并第一时间通知专业运维人员。故障设备张贴"设备故障"标识，及时维修或清理退出服务

D. 退出服务的自助终端，要登记台账并安排专门的区域放置，做好防尘、防潮等安全防护工作，并由各地信息部门按数据安全要求对存储进行脱敏处理，按照固定资产管理办法统一进行报废处置

E. 不得将退出服务的自助终端堆放在办税服务厅内，严禁出现终端随意丢弃、无人管理的情况

参考答案：ABCDE

6. 下列关于办税服务厅咨询辅导区的表述正确的有：（　　）。

A. 合理配置桌椅，桌面干净整洁，区域内咨询辅导人员负责将椅凳及时归位

B. 建议配置咨询服务台、电脑、电话等办公设备，并安装 12366 知识库，作为工作支撑；建议配备打印机，便于实施书面一次性告知

C. 各类表单资料、宣传材料集中有序摆放，电子显示屏正常运转，内容及时更新

D. 线路隐藏或沿墙固定，裸露在外面的线路捆扎有序

参考答案：ABCD

7. 咨询辅导服务的内容包括：（　　）。

A. 解答纳税人税费咨询

B. 辅导纳税人填写表单，审核表单等资料的完整性

C. 辅导纳税人自助办理税费事项，为纳税人使用相关设备和信息系统提供操作指引

D. 结合实际情况开展政策宣传

E. 协助维护办税服务厅秩序

参考答案：ABCDE

8. 下列关于办税服务厅的表述正确的有：（　）。

A. 办税服务厅可结合场地实际情况设置用以处理税费投诉、争议等事项的专门场所，及时响应纳税人诉求，切实保障纳税人合法权益不受损害，同时保障办税服务厅内正常秩序不受影响

B. 咨询辅导区、导税服务区或领导值班岗位承担争议投诉处置功能的，可不单设争议处置场所，但处置时应带离办税服务厅，不得影响厅内办税秩序

C. 有条件的地区可设立咨询辅导窗口，将咨询辅导业务纳入排队叫号系统统一管理，依托12366知识库解答问题，在12366纳税服务平台做好台账记录

D. 探索智能办税服务厅建设的，可根据业务创新需要，增设其他功能区域，并提交市局备案

E. 为进一步推进办税服务厅智能化、数字化，鼓励有条件的地区设置智慧办税区，并提交市局备案

参考答案：ABC

9. 下列关于办税服务厅的表述正确的有：（　）。

A. 办税服务厅要建立晨会制度

B. 办税服务厅要建立例会制度

C. 办税服务厅应设置值班长岗并设置"值班长"标识，值班长岗位人员应相对固定

D. 值班长主要负责办税服务厅现场管理

E. 值班长应按规定对办税服务厅的运行情况巡检，并按要求做好"办税服务厅值班日志"台账登记工作，以备上级部门检查

参考答案：ABCDE

10. 下列关于首问责任制的表述正确的有：（　）。

A. 首问责任制的业务范围包括税费业务咨询及办理、纳税服务投诉和税收工作建议

B. 首问责任人对不能现场办理涉税事项应建立登记台账和收件回执

　C．首问责任人对职责范围内的涉税事项应按规定办理或答复

　D．对不属于首问责任人职责范围的涉税事项，应为纳税人进行有效指引

　E．不属于本税务机关职责范围的涉税问题，向纳税人说明，并给予必要帮助

参考答案：ABCDE

11．下列关于限时办结制度的表述正确的有：（　　）。

　A．税务机关应通过税务网站，办税服务厅电子显示屏或者触摸屏、公告栏等渠道公开相关事项的办理时限

　B．税务人员在受理非即办事项时，应告知纳税人办理时限

　C．因客观原因，不能按期办结需要延期的事项，应当由受理部门分管领导批准后，在办理时限到期之前告知纳税人，并明确延期办理时限

　D．对无合理原因超时办结的事项，应明确延误环节和责任人，并进行责任追究

参考答案：ABCD

12．下列关于预约服务的表述正确的有：（　　）。

　A．税务机关可以根据申报期办税业务量峰值高低、办税事项集中度等情况向纳税人提出错峰预约

　B．税务机关不得强制要求纳税人接受错峰预约

　C．纳税人接受错峰预约办税时，税务机关应安排绿色通道快速为纳税人办理涉税事宜

　D．若因特殊情况不能按时提供预约服务的，承办人员应及时告知预约服务申请人，作好解释工作并重新安排预约时间

　E．对超过预约时间未到场的纳税人，视为申请人主动放弃预约服务

参考答案：ABCDE

13．下列关于延时服务的表述正确的有：（　　）。

　A．延时服务制度是指办税服务厅对已到下班时间正在办理税费事项或已在办税服务场所等候办理税费事项的纳税人提供延时服务的

制度

B. 临近下班时间，应根据纳税人等候情况，预测纳税人需要等候的时间，并在纳税人等候或取号时，及时提醒纳税人预计需要办理的时间，由纳税人自愿选择是否继续等候办理

C. 提供延时服务时，对短时间内无法办结的税费事项，可在征得纳税人同意后进行留存办理

D. 办税服务厅应建立延时服务工作台账。记录提供延时服务工作人员的工作时长，对提供延时服务累计超过一定时长的，应合理安排相关人员进行调休

参考答案：ABCD

14. 下列关于一次性告知制度的表述正确的有：（   ）。

A. 一次性告知制度是指办税服务厅在受理纳税人税费事项时，对资料不符合规定或前置事项未办结的，工作人员应一次性告知，对不予办理的税费事项应当说明理由和依据的制度

B. 一次性告知服务范围包括税费事项办理及咨询

C. 一次性告知可通过书面或口头方式进行，行政许可事项必须书面告知

D. 实施二维码一次性告知服务，二维码作为主动税收宣传的有效载体，可承载内容包含"全国统一事项""地方适用事项"的办税事项、业务专题政策、全国咨询热点问答等

参考答案：ABCD

15. 下列关于提醒服务的表述正确的有：（   ）。

A. 提醒服务是指在纳税人发生纳税义务或履行税收法律责任之前，主管税务机关通过有效方式对纳税人办理各项涉税事项进行提醒的服务措施

B. 主管税务机关提供的提醒服务的主要内容应涵盖事前、事中和事后三个环节

C. 主管税务机关应根据实际情况，对不同类型的纳税人和不同类型的涉税事宜采取不同的提醒方式

D. 提醒服务主要方式有以下几种：（1）口头告知；（2）发放纳

税提醒卡、通知单；（3）召开专题会议；（4）新闻媒体公告；
（5）其他方式

参考答案：ABCD

16. 主管税务机关提供的提醒服务主要内容具体包括：（　　）。

    A．新办业户提醒   B．办税事项提醒

    C．税收预警提醒   D．纳税人权利提醒

    E．其他涉税事项提醒

参考答案：ABCDE

17. 下列属于导税服务内容的有：（　　）。

    A．合理有效分流、引导纳税人在相关的服务区域或窗口办理税费
事项

    B．协助纳税人取号

    C．辅导纳税人填写资料和自助办理税费事项

    D．协助纳税人核对资料和表单填写的完整性

    E．解答简单税费咨询

参考答案：ABCDE

18. 24 小时自助办税制度是指税务机关通过下列哪些渠道向纳税人提供
24 小时自助办理涉税事项的制度：（　　）。

    A．网上办税平台   B．移动办税平台

    C．12366 纳税服务热线   D．自助办税终端

参考答案：ABCD

19. 下列关于办税公开的表述正确的有：（　　）。

    A．办公时间应当公告于办税服务厅进门醒目处，办公时间随季节变
化不同的，应当分别注明，同时在办税地图上予以公开

    B．办税服务厅可以根据公开内容和自身条件选择公开的形式，进驻
政务中心或外部门专业化服务场所的办税服务场所，按照当地管
理部门的管理要求进行相关内容的公示

    C．办税公开的主要内容包括税费法律法规政策、服务事项、办税程
序、办理时限、办公时间、服务人员信息、咨询和投诉举报电话
以及"全程网上办""最多跑一次"清单以及税收管理领域基层

政务公开标准目录中列明的其他事项

D. 税务机关应公开税务机构和职责、纳税人权利和义务、税收政策、税务行政许可项目、税务行政审批事项、办税程序、欠缴税款信息、信用级别为 A 级的纳税人名单、税务行政处罚标准、服务承诺、办公时间、咨询和投诉举报监督电话等事项

参考答案：ABCD

20. 全国通办是指跨省经营企业，可以根据办税需要就近选择税务机关申请办理异地涉税事项。主要包括：（　）。

A. 涉税信息报告类　　　　　　B. 申报纳税办理类

C. 优惠备案办理类　　　　　　D. 证明办理类

参考答案：ABCD

21. 下列关于"好差评"制度的表述正确的有：（　）。

A. 现场服务"一次一评"。政务服务机构要在服务窗口醒目位置设置评价器或评价二维码，方便办事企业和群众自主评价

B. 网上服务"一事一评"。政务服务平台要设置评价功能模块或环节，方便企业和群众即时评价

C. 社会各界"综合点评"。要通过意见箱、热线电话、监督平台、电子邮箱等多种渠道和方式，主动接受社会各界的综合性评价

D. 政府部门"监督查评"。要积极开展政务服务调查，尤其是对新出台的利企惠民政策、新提供的服务项目以及直接关系企业和群众切身利益的重点服务事项，及时了解政策知悉度、办事便利度、服务满意度等情况

E. 公开政务服务评价信息。要坚持"以公开为常态、不公开为例外"

参考答案：ABCDE

22. 下列关于"好差评"制度的表述正确的有：（　）。

A. 要建立差评和投诉问题调查核实、督促整改和反馈机制

B. 收到差评和投诉后，按照"谁办理、谁负责"的原则，由业务办理单位第一时间启动程序，安排专人回访核实，做好差评和投诉回访整改情况的记录

C. 对情况清楚、诉求合理的问题，当场解决，立行立改

D. 对情况复杂、短时间内难以解决的，建立台账，限期整改

E. 核实为误评或恶意差评的，评价结果不予采纳，并通报同级政务
服务管理机构

参考答案：ABCDE

23. 下列关于"好差评"制度的表述正确的有：（　　）。

A. 建立申诉复核机制，保障被评价人举证解释和申诉申辩的权利

B. 对出现的"差评"，可提供举证材料等方式进行申诉

C. 核实为误评或恶意评价的，评价结果不予采纳

D. 按要求做好"差评"的明细记录

参考答案：ABCD

24. 对办税服务厅工作人员个人卫生习惯的要求包括：（　　）。

A. 男同志不留长发、长须、长指甲，女同志头发过肩的，须扎好或
盘起，工作期间不得披发

B. 不浓妆艳抹，不留长指甲，不使用有色指甲油，不使用水钻等指
甲配饰

C. 不得搭配首饰、佩饰，不使用强烈香料（香水）

D. 不得在工作区域内进行化（补）妆、反复整理服装和发型、修剪
指甲等仪容仪表整理工作

参考答案：ABCD

25. 下列关于办税服务厅工作人员姿势要求的表述正确的有：（　　）。

A. 不得摇头晃脑、身体歪斜、抱臂于胸、叉腰、背手或两手插在裤
袋里

B. 不得趴伏桌面，不得身体歪斜躺在椅背上；避免两腿叉开过大，
不得将腿搭在桌子上、不得腿脚晃动、翘二郎腿；不得托腮帮、
无业务时手上不得下意识摆玩物品

C. 二人以上行走不得勾肩搭背、挽腰拉手；不横穿纳税人排队队
列，不在大厅内快速奔跑（紧急情况下除外）

D. 不得出现用手敲打桌面提醒纳税人，用扔、抛等方式传递物品、
资料等行为

E. 不得叉腰背手，不得把手放进制服口袋里；指引方向时，应五指并拢，手臂自然前伸，不得使用单个手指指引、指示

参考答案：ABCDE

26. 下列关于对办税服务厅工作人员的要求表述正确的有：（　　）。

　　A. 办税服务厅工作人员上岗前及工作时间不饮酒或含有酒精的饮料，办公区域严禁吸烟、进食

　　B. 办税服务厅工作人员在岗期间不得互相串岗聊天、大声喧哗、嬉笑打闹，不得从事与工作无关的事

　　C. 办税服务厅工作人员在岗期间，手机不得放置于桌面、柜面上，不得玩手机

　　D. 具备条件的地区建议手机集中存放；接打工作电话、紧急电话时应注意时长；如在接待纳税人过程中需要接打电话，应向其说明情况并取得同意后再接打电话

参考答案：ABCD

27. 下列属于纳税服务有效表达技巧的有：（　　）。

　　A. 使用纳税人易懂、清晰准确的话语

　　B. 使用简单明了的礼貌用语

　　C. 使用生动得体的问候语

　　D. 合理使用赞美

　　E. 禁用服务禁忌语言

参考答案：ABCDE

28. 下列属于纳税服务工作岗位人员具体的情绪管理方法有：（　　）。

　　A. 暗示调节法　　　　　　　　B. 合理宣泄法

　　C. 音乐调节法　　　　　　　　D. 注意力转移法

　　E. 自我安慰法

参考答案：ABCDE

三、判断

1. 涉房交易税收、车购税、个人社保费业务进驻政务服务中心或外部门专业化服务场所的，鼓励税务窗口与其他部门窗口一体化设置，实现"前台统一受理、后台各自分办，前台统一反馈出件"。暂无条件实施一体化流程的，税务窗口悬挂"申报纳税"或"社保缴费"标识。 （ ）

参考答案：√

2. 办税服务厅值班长应每日查看纳税服务投诉箱，根据国家税务总局《纳税服务投诉管理办法》中规定的时限及时反馈。值班长应每日查看纳税人意见簿，并在 5 个工作日内反馈。 （ ）

参考答案：×

【办税服务厅值班长应每日查看纳税服务投诉箱，根据国家税务总局《纳税服务投诉管理办法》中规定的时限及时反馈。值班长应每日查看纳税人意见簿，并在 3 个工作日内反馈。】

3. 对人流量较大的办税服务厅，或在办税高峰时段，导税员原则上不受理耗时较长的业务，而应协调咨询辅导区工作人员接手，避免纳税人在导税台前积压或长时间排队。 （ ）

参考答案：√

4. 领导值班制度实行轮流值班制，值班时间安排在每月征收期截止日前 3 个或 3 个以上工作日，具体值班日期以值班安排表为准。如遇重大税制改革、重大信息化系统上线等情况，可适当增加领导值班频次。 （ ）

参考答案：×

【领导值班制度实行轮流值班制，值班时间安排在每月征收期截止日前 5 个或 5 个以上工作日，具体值班日期以值班安排表为准。如遇重大税制改革、重大信息化系统上线等情况，可适当增加领导值班频次。】

5. 办税事项"最多跑一次"，是指纳税人办理《办税事项"最多跑一次"清单》范围内事项，在资料完整且符合法定受理条件的前提下，最多只需要到税务机关跑一次。 （ ）

参考答案：√

6. 实名办税是指税务机关在纳税人办理涉税事项前，对相关人员的实名信息，进行采集和验证的制度。经过实名信息验证的办税人员，再次办理相关涉税事项时，仅需提供身份证件复印件，不再提供企业登记证件。（　　）

参考答案：×

【实名办税是指税务机关在纳税人办理涉税事项前，对相关人员的实名信息，进行采集和验证的制度。经过实名信息验证的办税人员，再次办理相关涉税事项时，不再提供登记证件和身份证件复印件等资料。】